JN408818

성주산 울림

12인의 동인문집

이덕영 홍성수 최도진 배윤희
홍성억 박혜숙 최옥순 신승환
신현숙 이동천 김문경 최양희

제3호

甕器從器愛之重之

옹기종기

發展祈願記念

歲在庚寅初夏 李東泉

■ 여는 詩

열두 시성 (十二 詩性)

본지 발행인·병철 최 양 희

한 뜻으로 인연된 우리가
성주산문을 열기 시작하여
세 번째 하늘 문도 열었습니다.

전국 각처의 문재들이
저마다의 독특한 옷을 입고
신바람 일으키며 춤을 춥니다.

자연이 준 천지공간에서
한바탕 황금가락이 펼쳐지는
열두(十二) 시성들의 잔치입니다.

목 차

소초 이 덕 영

무영 홍 성 수

청연 최 도 진

덕향 배 윤 희

해천 홍 성 억

경산 박 혜 숙

국정 최 옥 순

신 승 환

정윤 신 현 숙

이 동 천

김 문 경

병철 최 양 희

소초 이덕영

변역학문에도 능한 한시 시인

꿈(夢) 上略 / 흔히들 말하기를/ 생각이 꿈을 만들고/ 꿈이 인생을 만든다지만/ 세상도 꿈이요 인생도 꿈이기에/ 꿈도 꿈이요 꿈 아닌 것도 꿈이며 / 꿈을 꿈이라 하는 것도 꿈이다

"꿈" 이라는 시가 정말 멋진 걸작이다.

이덕영 시인은 실제의 꿈, 공간의 꿈, 창조의 꿈, 진리와 허상과 무념무상까지 형상화 시켰다. 이렇듯, 우리의 꿈은 죽을 때까지 따라다니는데, 우리의 삶 그 자체가 우주공간(宇宙空間)과 팽팽한 현실을 벗어나지 못한 채, 잡다한 일들은 순간적으로 계속 일어나면서, 체면 걸린 상태처럼 꿈을 꾸고 있는 것이다. 목적 앞에 죽어라 달려가도, 항시 광란의 암초에 걸리는 복잡한 문명사회에서, 자신도 모르는 파행의 길 앞에서 기적과 함께 꿈꾸는 것이 바로 우리인간의 참모습이다.

이 시인은 남달리 강직하고 곧은 성품인지라 자신한테도 구속받기를 싫어하기 때문에 매사에도 철저했다. 그리고 그는 학문의 길이라면 천리도 마다않고 단숨에 달려가는 집념 또한 대단하다.

이 시인은 한시(漢詩)를 목숨처럼 여겨오다가, 최근엔 자유시 창작에 깊은 관심을 기울이면서도, 전기수필까지 쓰는 수필가(隨筆家)였다.

이렇듯 한문학의 대가 이 시인은 '한시모음집'과 '소초집'을 출간한, 격조 높은 시인으로써, 요즘엔 명문가에서 청탁받은 고서변역(古書飜譯)에 몰두하고 있는, 학자로 자리 잡은 것이다.

병철 崔良熙 (시인. 소설가. 문학평론가)

- 문예사조 2006년 한시 등단. 문예사조 2007년 수필 등단.
- 작품집 "초소집" 동인시집 "성주산 울림 2호"
- 번역문, 추강집. 소헌집. "조선환여승람(보령편)"
- 한시집(우국. 호반조인. 추수.)등 외 다수. 문예사조 "사화집 3회"
- 한내문학상 제3호 수상. (사) 한내문학회원. 문예사조회원.

꿈(夢)

장주의 호접몽(蝴蝶夢)
제갈량의 대몽(大夢)
노래 가락에 인생은 일장춘몽(一場春夢)

옛 어느 시인은 말하기를
몽리부생(夢裏蜉生)이
환설몽(還說夢) 이라던가

흔히들 말하기를
생각이 꿈을 만들고
꿈이 인생을 만든다지만

세상도 꿈이요 인생도 꿈이기에
꿈도 꿈이요 꿈 아닌 것도 꿈이며
꿈을 꿈이라 하는 것도 꿈이다

善과 惡

세상의 본질에 선악이 있을까?
무엇이 선이고 무엇이 악일까?

내가 살아가는 기준으로
선도 되고 악도 된다.

입장을 바꾸면 선악이 바뀌고
나에 행복이 저에겐 불행 일 수 있다

자기 인식을 필요에 따라
구분지어 부른 이름은 아니었을까

귀천(貴賤)

너에겐 귀한데
나에겐 하찮고

나에겐 귀한데
저에겐 하찮고

세상에 무엇으로
귀천을 삼으랴.

모두가 제자리선
의미 있는 존재인 것을.......

경칩(驚蟄)

동면 하는 벌레도
깜짝 놀라 깨어난 데서
경칩이라 했다던가

나 어릴 때 내 고향
청정산골 물 논에는
갓 나온 개구리 소리 넘쳐났었지

어스름 달밤 안개 낀 날
봄이 오는 소리 정겨운 소리
사람들은 경칩이 운다 했다

그 소리 들은 지 언젠지 몰라
지금은 듣기도 어렵지만
들어 줄 마음에 여유도 없었나 보다

故 한주호 준위님

당신의 삶은
만인에 모범이고

당신의 죽음은
모두에 눈물이었소

피 끓는 사명감과
진한 전우애로

몸을 돌보지 않고
솔선수범 하시며

인간으로 군인으로
직무를 다 하시다.

늠름히 가시는 모습
진정 거룩 하오이다.

님이시여! 평안히 가소서
삼가 명복을 빕니다.

– 2010년 4월 3일 T.V로 영결식 실황 중계방송을 보고–

광 풍

봄이 와서 새순이 피었고
아직 부드러운 새 가지에
피지 못한 꽃 망울과
이제 방금 피어난 꽃
막 맺은 열매 들인데

따스한 햇볕 받기도 전
갑자기 불어온 광풍에
모두가 우수수 떨어졌다

왜인가 무슨죄인가
어디로부터 불어온 바람인가
운명이기엔 너무 가혹하고
현실이기엔 너무 애처롭다

그러나 광풍의
진원을 알기도 전에
줄기마저 흔들어 대는
또 다른 광풍들
그 정체는 대체 무어냐

올해의 봄은 참 춥기도 하다

대한민국 국민

그동안 34일간은
대한민국이 울었다
대한민국 국민이 울었다

차가운 바다에서
억울히 죽어간 영혼들이 가여워서 울었고
안타까운 조국의 현실을 울었다

그들은 왜 죽었나?
누가 그들을 죽게 했나
그들의 죽음이 우리에게 무엇을 남겼나

해답은 대한민국 호에 탄
대한민국 국민의 몫이다

하지만
대한민국 호에 탓 대서
모두가 대한민국 국민이 아님도 보았다

– 천안함 희생 장병 46위의 영결식 날 –

속 보이는 군상들

내가 원했든 안했든
세월의 수레바퀴는 구르고
역사의 물줄기는 흐른다.

시류를 잘 타 잘 사는 사람
시류를 못 타 못 사는 사람
양심에 따라 사는 사람
기회에 맞춰 사는 사람

정의와 옳음이 있긴 있다더냐?
그 옳은 것을 짓밟은 자도
시간이 지난 후
남이 기른 과일을 포식하며
애써 자기를 비호하고 있네.

뻐꾸기 울음

찔레꽃 기슭마다 피어나고
뻐꾹새 앞뒤에서 울어대는
오월의 날 가무는 늦봄에
날로 녹음은 두꺼워가고
새로이 온 생명들이 요동친다.

저~울어대는 뻐꾸기 소리는
겉으로 평화롭기만 하건만
도둑으로 탁란을 했거나
하려는 속셈 이란다.

저~울음 뒤엔 처절한 생존경쟁과
속는 자와 약자의 원통함이 있을 터

그렇게 또 봄날은 간다.

보령시지 출간을 앞두고

이 땅에 명멸한 수많은 인재며
하고 많은 사연들

가려서 기록하고 보존하며
오늘에 이르렀다

여러 차례 역사의 굴곡 속에
삼군 통합으로 보령군이 되었고

지금은 행정 구역상 시가 되어
오늘의 시지를 발간함에

자손만대에 전할 보물이요
연면한 역사의 가교로다

알차고 아름답게
건실 되고 가치 있게

만세 보령의 자부심으로
아름다운 꽃이 피기를.....

春雪積中龍鳳山(춘설적중용봉산)

晩來春雪積多時	만래춘설적다시
龍鳳山登感賞奇	용본상등감상기
削劍千峰千疊疊	삭검천봉천첩첩
穿槍萬壑萬危危	천창만학만위위
層巖石白澺澺白	층암석백의의백
曲樹松靑怪怪枝	곡수송청괴괴지
世譬湖西云雪嶽	세비서호운설악
今看此景莫非知	금간차경막비지

늦게 온 봄눈이 아직도 많이 쌓인 때
용봉산에 올라 기이한 산경을 감상해본다
칼로 깎은 듯한 봉우리들 첩첩이 솟아있고
깊고 깊은 계곡은 곳곳이 위태롭다
층암마다 돌 빛도 희고 쌓인 눈도 흰데
굽은 나무 푸른 솔, 비틀어진 가지들
세상에서 호서에 설악이라 말하더니
지금 보니 틀리지 않음을 알겠구나.

무 영 홍 성 수

우주의 진주알을 캐는 자상한 여류시인

파도와 바위섬) 上略 / 눈길도 아니 준다고/ 야속타 투정 하면서 / 멀어졌다 다가서는 애증의 세월/ 변치 않는 천년의 사랑/ 파도와 바위섬은 '사그락! 철석!'/ 오늘도 그렇게 사랑을 하네.

시에도 분명 생명을 가지고 있다.

'파도와 바위섬'이란 시가 바로 그러한 시다. 위의 시의 특징은 파도는 소리표현(表現)이요, 바위는 침묵의 상징(象徵)이다. '파도와 바위섬'은 사랑의 파트너다. 바위는 지고(至高)한 존재(存在)이기에, 파도는 안내판도 없이 숙명처럼 찾아오는 것이다. 애증의 세월 앞에, 천년의 사랑으로 부단히 만나야 하는, 자연의 공간과 통합(統合)된 사물의 미묘한 차원(次元)을 노래했다. 그러니까 하늘과 구름 같은 관계랄까? 아니, 남여의 사랑 같은 것을 비유로 변용했을 수도 있다.

홍 시인은, 동방의 시성(詩聖)다운 시인으로써, 그 시상은 끝이 없다.

그의 시집 "나도한번 소리내어 울고싶다"와, 삼년 연재시를 바탕으로 "천일의 숨소리"에, 이어 '세 번째 시집'을 준비하고 있는 중이다.

지금, 홍 시인은 전국문우들과 함께 하는 여류다운 폭넓은 시인으로써, 천부적으로 타고난 재능을 그냥두지 않고, 계속해서 대자연속에 우주의 학처럼 날아다니며, 예리한 눈으로, 숨겨진 진주알을 하나하나 찾아내어, 진정한 독자들한테 골고루 나눠주고 있는, 그런 자상한 지성시인이었다.

병철 崔良熙 (시인. 소설가. 문학평론가)

- 2006, 7월 문예사조 시 부문 신인상 수상
- 2007, 문예사조 문학상 수상. 2008. (사)한내문학 한내문학상 수상.
- 한국문인협회회원, 문예사조문인협회회원.
- 처녀시집 "나도 한번 소리 내어 울고 싶다" 제2시집 "천일의 숨소리"
- 동인지: 성주산 울림1~2집. 공저: 한국명시발간위원회103인시선집
- [석양에 걸린 바다], [맨발로 우는 바람], [새벽 강을 바라보며]
- 문예사조 사화집: [3회] 문예사조 3년 연재시 37회
- 국가상훈편찬위원회발탁 "현대사의 주역들" 작가로 수록
- 현[대천 톨게이트 근무중] 사단법인 한내문학 이사, 부회장.

파도와 바위섬

하 넓은 세상 외로워서
부추기는 바람결에 용기를 내어
바위섬을 돌고 돌며 치근대는 파도

눈길도 아니 준다고
야속타 투정 하면서
멀어졌다 다가서는 애증의 세월

변치 않는 천년의 사랑
파도와 바위섬은'사그락! 철석!'
오늘도 그렇게 사랑을 하네

보 물

항상 남에 것만 부러워했습니다
스스로 찾아볼 생각도 없이

늘 겉치레로 공을 들였습니다
내 안에는 아무 것도 없다는 듯이

세월이 가며 아무리 치장하고
너스레를 떨며 큰소리 쳐도
공허한 메아리로 들릴 때 깨달았습니다.

가장 큰 보물은 내 안에 있음을
이제 잠재된 내안의 보물을 캐내어
갈고 닦아 세상을 아름답게 빛내겠습니다

누구나 내면의 보물을 소중히 여기도록…….

벗

내가 한잔 술이 그리운 건
술이 그리운 것이 아니라
두 귀를 가진 벗이 그리워서 랍니다

말이 되거나 말거나
질펀히 앉아 마음 풀어놓고
주절여도 그냥 들어주는 벗

그리곤 아무 일 없었다는 듯
피식 웃으며 해맑은 미소로
볼 수 있는 그런 벗이 그리운 것입니다

야생화

알곡 밭에 핀
야생화는 잡초라 부르고

들녘에 핀
야생화는 들꽃이 되며

수목원의
야생화는 주인공이 되니

무엇으로 났던
자리 하는 곳에 따라
귀천이 가려지는 세상

나는 어디로 가야
이 모습 이대로
귀인 대접을 받으려나

당 신

따사로운 햇살
언제나 그러려니 하고
고마움을 알지 못했습니다

솔솔 부는 바람
시원하다 하면서도
바람이 부는구나! 했었답니다

생명의 산소
늘 마시고 내보내도
감사한 줄도 모르고 있었습니다

이제 햇살 바람 산소
아니 작은 이슬 한 방울까지
감사하며 소중히 간직하렵니다

하물며 내 곁에 있는 당신이야…….

낮 달

오순도순 밤하늘
놀던 벗들 모두 떠나도
낮빛이 허옇도록 홀로 남음은

밤새 애타게 그리던 님
무소식 설움에 겨워
차마 떠날 수 없음이더냐

아니면 총총한 별빛 속에서
휘영청 너의 모습에 취하여
갈 길 잃은 미아가 되었느냐

대금소리

초목의 입새들
청아한 대금 소리에
고요한 파동이 일면

잠자던 영혼들
모두 깨어나
교감을 하는 듯하니

못 다한 인연의 설움 되살이 되어
이미 이름뿐인 님 부르며
하염없이 흐르는 눈물

한 곡조 대금 소리에 그리움이 일면
또 한곡 청해듣고 아픔을 달래며

시간도 망각한 채 권거니 받거니
계룡산 자락 신선들 같아라.

– 김주태님의 시를 보며 –

새벽안개

산 이 좋아
산허리를 맴돌아도

물 이 좋아
물 위를 유랑해도

산도 물도
묵묵부답 이니

정처 없이
떠도는 바람을 따르다

햇살 아래
풀밭을 의지할 수밖에........

무궁화 [1]

소박한 자태는
여인의 미소인 듯
지순하며 강건하고

국민의 가슴마다
피어나는 희망의 상징
반만년 민족의 자존심

꽃 가슴의 실핏줄은
긴 대한의 애환 앞에
살아 움직이는 혈류

삼천리 방방곡곡
포근히 전해지는
영원한 대한의 꽃 무궁화여

어 둠

태양이 지고
시나브로 땅거미가
사방을 덮쳐올 때

우리는 허울을 벗고
자신의 둥지 찾아
본능으로 돌아가며

빛을 애모하던
이름 모를 풀잎들도
긴 밤을 숙명처럼 맞이한다

뿌 리

예사롭지 않게
스미는 기운에
서둘러 몸 도사리고

살아남으려는
생명의 애착으로
지심 꼭 움켜지며

모아온 양분
깊숙이 묻어두고
겨울을 견뎌야 한다

새 봄 새싹피워
하늘높이 뻗어나갈
그날을 위하여…….

청연 최도진

선비같은 동심속의 투철한 아동문학가

미루나무) 푸른 하늘에/ 작은 손 반짝이면/ 매미들도 모여들어/ 여름노래 부르고/ 해님이 내리면/ 작은 부채춤추고/ 구름도 걸터앉아/ 쉬어가는 미루나무

미루나무는 동시인의 마음속에 간직되어온 고향속의 쉼터다.

미루나무를 소재로 하여 고향을 한눈에 들어오도록 흥겨운 매미소리와, 시원한 여름을 한 폭의 그림처럼 그려놓았다.

원래 동요 동시는 옛날서부터 지금까지 전설적으로도 전래(傳來)되어 왔던 유일한 가락이고 노래였던 것을, 최 시인이 전수 받은 것이다.

믿음직한 아동 문학가, 최 시인은 소탈하기 그지없다. 시인의 동시는 독자들한테 정적인 동요(動搖)를 주며, 어릴 적, 자운영 꽃밭에 놀던 추억과 고향 하늘을 상기시킨다.

필자는 최 시인한테 "정서가 메마른 이 시대엔 동시 쓰는 작가(作家)가 절실히 필요할 때다"고, 힘주어 당부한 적이 있었다.

"전통예술의 발로도 그 본질(동심)에서 잉태한 것이고, 무궁한 심미적 창작에 해당되는 문학에의 장르에 있어서도, 동심의 보고, 그 젓줄에서 나온다."고.

어쨌든 최 시인을 동심 속에, 아동 문학가로써, 사회적으로도 유능한 회사원이었다. 최 시인은 선비 같은 자질로 하여, 몇 년간 사무국장과 부회장을 역임하면서, 현재 막중한 짐을 진 한내문학 회장이다.

병철 崔良熙 (시인. 소설가. 문학평론가)

- 충남 보령 출생
- 06년 문예사조 동시 신인상 수상. 09년 월간 문예사조 문학상 수상. 문예사조문인협회 회원. 문예사조 보령지부 회원. 한국문인협회 회원
- 사)한내문학이사(현). 사무국장(역). 부회장(역)
  한내문학 현회장
- 11인 동인시집 "성주산 울림" 1. 2.집. 현)보령화력본부 재직

미루나무

푸른 하늘에
작은 손 반짝이면

매미들도 모여들어
여름노래 부르고

해님이 내리면
작은 부채 춤추고

구름도 걸터앉아
쉬어가는 미루나무

텃 밭

우리 집 텃밭은
조그만 마술사

어제부터
오이도 만들더니

오늘은 고추도
만들어 내는 마술사

내일은 달빛 모아
어머니 좋아 하시는

예쁜 상추도
만들어 주겠지요.

꽃 밭

하얀 꽃은
하얀 마음이고요

노랑꽃은
노랑마음 이고요

파랑 꽃은
파랑 마음 이지요

내 마음 하얀 노란
파랑 꽃밭과 같아요.

얼 굴

깜박깜박 저 별님
무슨 생각하실까

깜박깜박 내 동생
무슨 생각 할까

별님 얼굴 예쁜 얼굴
동생 얼굴 별님 얼굴

제 비

처마 밑에
한입 두입 물어다

흙집 하나 만들더니
제비새끼 지지배배

엄마 아빠 부르는
예쁜 입이 다섯 개

아들딸이 5남매
밥 달라고 지지배배

방아깨비

찧어라, 찧어라
방아를 찧어라

겉보리 세말
방아를 찧어라

찧어라, 찧어라
방아를 찧어라

쌀 벼 세말
방아를 찧어라

쌀밥 줄게
보리밥 줄게

여름에는 보리방아
가을에는 쌀 방아

할머니

동짓날 깊은 밤
화롯불 감싸 안고

알밤이 하품하면
고구마도 하품하네.

정성 듬뿍 담아
할머니 인두 들고

어서어서 익어라
우리 강아지 주련다.

보리 개떡

유월이 오면
누런 보리밭

도리깨 춤추면
맷돌은 빙~빙

껴 먹 가마솥
베적삼 적실 때

어머니 정 듬뿍 담은
까~만 보리개떡

강아지풀

강아지 꼬리에
누가, 누가 달았나.

은 구술 하나
옥 구술 하나

몰래 따서 가져갈까
너무 예뻐 그냥가요.

*강아지풀 :한해살이풀. 여름에 강아지 꼬리 모양의 꽃이 핀다.

이 슬

노란 꽃잎에 노면
노란 구슬되고

파란 꽃잎에 노면
파란 구슬되고

빨간 잎에 노이면
빨간 옥 구슬

아름다운 이슬은
그 누가 만드시나

꽃과 사람

꽃이 피면
예쁘다 말 하고
꽃이 지면
보려하지 않아요.

우리들은 눈으로
보고 느끼기만 하는데
꽃은 자신을 알고
할 일 다 하고 간대요.

우리들은
좋은 것만 보려하고
지는 아름다움을
알려고도 하지 않아요.

덕향 배윤희

나는 행복한 사람) 上略 / 마음 텃밭에 씨를 뿌려놓은 덕인지/ 사노라니 이렇게 행복한 사람이 되어 있는/ 나는 참으로 행복한 사람입니다.

요즘 보기 드문 〈행복〉노래다.

배시인은 혈연으로 만난 가족사랑의 그 소중한 동양적 가정철학을 있는 그대로 노래했다. 이처럼 '인간의 행복이 가장 가까운 곳에 있다'는 것을 시로 노래한 시인도 사실 드물 일이다. 여기, 배 시인은 가족위해 차려놓은 밥상 앞에 부모님 생각하면서 느낀 시상을, 춤 섞인 가락으로 노래했는데, 이 시에서 우리는 다시 한번 詩人의 심중(心中)을 깊이 헤아려 볼 필요가 있다.

'집안이 편해야, 밖에 나가서도 편하다'는 말처럼. 이것이 모두가 원하는 일이고, 우리사회가 바라는, 또 하나의 절실한 과제로 남는다.

배 시인은 이 시대에 보기 드문 여류시인으로써, 마음자리부터가 선행에 머물러 있는, 오직 불심(佛心)하나로 모든 것을 다스릴 줄 아는 수행자(修行者) 시인이다. 그래서 그런지 그는 항시 목소리 없는 침묵으로 모든 사람들을 제압하는 이조여인 같은 품격을 갖추고 있다.

배 시인의 시 세계는 언제나 맑은 호수에서 환상 없는 실체(實體)로부터 진리를 구해온다. 그러기에 그의 시는 메아리치는 사랑의 파문으로 우리가슴에 묵직한 덩어리로 가라앉는다.

병철 崔良熙 (시인. 소설가. 문학평론가)

- 경북 군위 출생.
- 한울문학 시부문 【인생】 으로 신인등단. 사단법인 문화예술교류진흥회 정회원. 한국한울문인협회 회원, 충청지회 회원. 한국문인협회 회원, 공저시집 【내 가슴이 너를 부를 때】 한울문학 사화집 【하늘빛 풍경】 문예사조 사화집 【예혼】 동인지 【성주산 울림 1,2집】
- 한국명시선발간위원회 100인시선집 【봄이면 입덧을 한다】
- 사단법인 한내문학 이사, 사무총장

나는 행복한 사람

세상에서 가장 가깝고도
가장 먼 당신이지만 내 아이들이 존경하는
아버지라 나는 행복합니다

때론 연인처럼, 친구처럼
믿음과 의지가 되어주는
아들 딸이 있어 나는 정말 행복합니다

밥상 한가운데 놓고
수저 부딪히는 소리가 어머니 계시는 곳까지
들릴 것 같아 나는 행복합니다

책이 놓인 작은 서안(書案) 앞에 앉아
상상의 나래를 펼 수 있는
편안한 둥지가 있어 나는 행복합니다

지천명(知天命)이 넘은 나이지만
아직 내 몸에 뜨거운 피가 흐르고 있으니
나는 정말 행복한 사람입니다

마음 텃밭에 씨를 뿌려놓은 덕인지
사노라니 이렇게 행복한 사람이 되어 있는
나는 참으로 행복한 사람입니다.

양귀비

정열이 가득한
그대는 만인의 여인

가냘픈 꽃대에
얇지만 화려한 붉은 잎

그대 만남에
심장이 뜨거워짐은

천 년을 기다렸던
숭고한 마음이어라

바람에 흔들리는
아름다운 님의 모습 따라

사랑이 몰려온다
마음이 흔들린다

당신 곁으로

보이지 않으시나요
목련처럼 하이얀 마음이

들리지 않으시나요
지지배배 사랑의 화음이

만져지지 않으시나요
파란 하늘에 뭉게구름이

느껴지지 않으시나요
당신 향한 나의 사랑이

늦가을의 장미

정열의 계절을 더듬듯
낮은 울타리를 다시 찾은 붉은 장미여
꽃피고 새우는 화려한 여름을 보내고도
이렇게 곰삭은 늦가을에
또, 길목을 지키고 계십니까

사계절 속에 두 번 핀 죄로 외롭게 고행하며
애타게 누구를 기다리는
그 마음이 꼭 내 마음 같아
가던 걸음 멈추고
그대 살며시 만져보고 갑니다.......

당신을 사모합니다

어려운 인생, 나침반이 필요할 때
당신은 측은지심으로 따뜻하게 받아주셨습니다
어리석음을 용기와 지혜로 바꿔주시고

따뜻한 심장이 되도록 마음자리를 만들어주신 당신
인생의 높낮이에서 당신과 영혼이 이어지는 시간이
세상에서 가장 행복한 자리입니다

때론 시련도, 아픔도 있지만 작은 아픔까지도
다시 껴안아 주시는 운명으로 만난 당신은 내 인생의
고마운 스승이며 아름다운 연주자이십니다

인생은 업으로 짠 무늬와도 같다는 가르침을
마음으로 깨달아가며 환희심으로 당신을 그리고 그리다
달빛이 바다와 입맞춤을 원할 때

그땐, 마음 놓고 당신을 사모하겠습니다.

사노라면

인생 100살 산다 해도
겨우 3만 6500일, 87만 6천 시간
우주의 억겁(億劫) 세월에 비하면
먼지만 한 크기
인생과 운명도 새옹지마라
마음마다 꽃물 들게 하여

당신은 나를, 난 당신을
달처럼 초승에 씨를 품어주면
천지가 꽃향기에 진동하니
익어가는 열매가 탐스러워
바람마저 조용히 쉬어 가겠지요.

찔래꽃 당신

찔래꽃 향기 당신은
그리움을 가득 싣고 달리는 어부라지요
당신의 돛단배에 매단 깃발에는
만선 아닌 마지막 사랑의 끝맺음이 묶여 있었고
당신의 눈빛에는
짙은 연민의 그림자가 가득 하였답니다
잔잔한 강물에 노니작 노니작 노를 저어가듯
당신 마음에 조심스러운 설렘도 가득 하였지요
당신의 우주가 사라지는 날
찔래꽃 향기도 사라지겠지요.

벽시계의 기억상실

기력을 다해 몇 번 울리고
나지막한 신음소리와 함께 멀어져간다
사라지는 기억을 애써 잡으려 하지만
기어이 혼자 돌아온다
무인도에서 또아리를 틀고 혼자라는
외로움에 금세 눈물이 똑똑 떨어질 것 같은
고독에 힘들어 보였는데
기억이 기절하니 어느새 아름다운
발레리나가 되어 허공을 마음껏 날을 수 있으니
너는 참 좋겠구나
누구를 기다리지 않아도 좋고
추억에 아파하지 않아서 좋겠구나
일 년에 한 번
돌아오는 보름달이 아무 생각 없이
바닷물과 동침하듯
오늘 같은 날도 있으니 너는 참 좋겠구나!

사랑의 청구서

무리지어 빛나던 별들도
저 홀로 반짝여야만 하듯
나는 늘 혼자 있기를 원한다
가슴에 구멍이 나도록 들여다봐도
매운 향기밖에 맡을 수 없고
세월 따라 알맹이는 사라지고
쭉정이만 남았는데
아직도 사랑을 떠먹여 달란다
끝없이 바라던 그는
백마 탄 멋진 사람이 되어
일방통행으로 질주하는데
끝없이 비우기만 했던 나는
어디 가서 사랑의
청구서를 발부받아야 하나.

따분한 오후

가지 끝에 매달린 낙엽 하나
겨울비에 떨어져 도로 위에 가지런히 눕는다
너덜너덜 밟히고 찢겨도
꾸역꾸역 무언가를 기다리는 마음
끌려가는 생에서 늘, 자유를 외쳐보지만
둥글게 둥글게 살기 위해선
오늘도 변함없는 어제의 그 자리
내 안의 열정을 잠재우기 위해
바위처럼 켜져 버린 그리움을 조각내어
달궈진 가슴에 조용히 묻어버린다

내일도 둥글게, 둥글게 살기 위해서.......

별을 따다

핏줄 따라 세포가 살아나고
기척 없이 나타나
신고 없이 반짝이는 별처럼
흩어졌던 마음에도 불빛이 돌기 시작한다
가슴스림이 시작되면
멋진 사내가 밤마다 킹콩으로
변하는 사연이 있듯
나는 별을 따기 위해
천 길을 마다않고 빠져 들어가고 있다
고독을 폼나게 즐기기 위한
나만의 아지트 밤하늘의 은하수
낯선 곳에 설래임
가슴속 불덩이가 또 일렁인다
천당과 지옥을 오가는 한마디
"사랑해"

해천 홍성억

영웅적인 시상이 넘치는 지성시인

불나비) 불빛을 찾아/ 어둠을 넘어서/ 달콤한 터널을 지나/ 화엄의 강을 건너가는 곳/ 中略/ 영혼의 향을 마시며/ 무극의 빈 공간에서/ 사랑과 환상에 빠져 버린/ 너, 그리고 나.

인간의 습성과 욕망은 불나비와 다를 바 없으리다.

필자는 '불나비' 같은 해천시인의 시를 읽으면, 자신도 모르게 흐뭇하고 기뻤다. 그것은 해천시인이 이번에도 이색적인 고도의 기술로, 진가 높은 '불나비'의 숙명적인 속성을 환유로 극대화 시켰기 때문이다.

하류층이던 상류층이던, 진리를 위한 탐구든, 목표를 위한 도전이든, 집요한 우리 〈불빛여행〉은 쉽게 포기 할 수 없는 일이다.

그것은 상대방과는 전혀 다른, 정당하다고 뛰어드는 사람들! 너와 나, 그리고, 모든 사람들을 불러들이기 때문이다.

해천시인은 호남아(好男兒)의 성격이면서도, 시세계는 누구에게나 고상한 동질감을 던져주는 영웅적인 소질을 가지고 있다. 그리고 그는 언제나 고독의 자유를 즐길 줄 아는 여유 있는 시인이다.

부지런하고도 진솔성 있는 해천 시인은 정의감이 강한 만큼, 특히 시에 대한 열정 또한 대단했음으로, 그의 시상은 하루 종일 풀가동시키는 공장 굴뚝에서 끝임 없이 품어내고 있는 시인이다.

병철 崔良熙 (시인. 소설가. 문학평론가)

- 방송 통신대 경영학과
- 문화 예술교류진흥회 회원. 사단법인 한국문화예술NGO총연합회 회원문인대학교 수료. 사단법인 한울문학 이사 역임. 사단법인 한울문학회 충청지회회원. 한울문학 시(詩)등단. 월간문예사조 수필등단.
- 동인지 '내 가슴이 너를 부를 때' 12인 동인시집 "성주산 울림 2호"
- 현: (주)경신전선 근무

불나비

불빛을 찾아
어둠을 넘어서
달콤한 터널을 지나
화엄의 강을 건너가는 곳

유토피아를 지나
날갯짓하며 따라갈 수밖에 없는
환희의 숨결이 숨어 있는 곳

사과 향 그윽한 비탈길 지나
멈추어진 사계의 숲 속을 지나
불빛만 보면 따라가야 하는
거짓 없는 숙명

영혼의 향을 마시며
무극의 빈 공간에서
사랑과 환상에 빠져 버린
너, 그리고 나.

가을 풍경

천 겹 만 겹 푸르던 나뭇잎
붉은 석양을 닮아
절정과 환희에 몸서리친다.

바람도 잔잔하고
그대가 떠난 자리에
서늘한 잔재만 무성하다.

뭇 별의 눈동자는 점차
어둠으로 차갑게 채워질 때
안으로 옹송그리던 마음
지나간 세월이 아프게 다가섭니다.

어둠이 저만치 오는데
해오라기 한 마리
어두운 저녁 하늘을 헤치며
저물어 가는 하루를 여문다.

노모(老母)의 기도

한 병원의 옥상 정원에
두 손을 마주하고
두 눈을 꼭 감고
마음 소리 울리는
한 노모의 간절한 기도가 있었습니다.

지상에 울려 퍼지는 소리
빛줄기에 서로 안겨
옥상에서 아름다운 빛 무지개
하늘을 향하는 희망과 꿈은
이상(理想)의 세계와 교감하고 있었습니다.

광휘(狂喜)의 찬란한 비취(翡翠)는
한 올 또 한 올
말단 신경과 교감을 이루며
마침내 시련과 고통이 없는
기쁨의 찬송가 지상에 울려 퍼집니다.

노모(老母)의 감긴 눈가에 고여 있던
눈물방울 바닥에 떨어지고
노모(老母)의 기쁨, 사랑, 행복은 그렇게
거기에 머물고 있었습니다.

나는 당신의 느티나무

나는 당신의 느티나무
당신은 벗님 되어 오세요
인생의 서러움과 외로움
이 가슴에 안겨
마음 놓고 소리쳐 울어 보아요
울다 보면 시름도 사라지니까요

벗님!
뜨거운 불볕더위에 잠시 손을 놓고
선선한 그늘에 땀을 식히며
수고하는 마음마저 모두 놓으시고

이 몸
그늘에 단잠을 들어 보세요

아마 당신은 깊은 잠속에서
삶을 살아갈 용기를 얻을 겁니다.

나는
당신의 느티나무입니다

가난한 사람

마음은
강산을 닮고
욕심은
냇물에 띄워 보낸다.

욕구는
바람에 실려 보내고
평안은
덤으로 얻는다.

일의 욕심 버리니
즐거움이 배요
때때로 들려주는
새 울음소리

슬그머니 부는 바람에
맑은 정서 일 깨운다.

길

나 홀로 가는 길
홀로
홀로
나 홀로 걷고 있네.

폭풍과 비바람 모진 시련 속에서
때론 두려움이 온몸을 질타해도
난 그 비를 맞으며
그 길을 홀로 걷네.

이 땅에 살다간 성인(聖人)이 이르기를,
좋은 일을 한 사람에게는 복을 주고
악한 사람에게는 벌을 내린다는 걸

모진시련을 보내고 나면
평온한 행복은 찾아오리라는 걸,

비 온 후에
땅은 더욱 단단히 굳고
그 속에서
아름다운 무지개가 활짝 피리라는 걸.

가난 속에 행복

벌써 몇 칠 전 세상에 고하듯
암내 풍기며 날 것들 유혹하던 밤꽃
모정의 젖을 뗀 세상 밖 아이 되어
냉혹한 자연의 법칙에 따라
뚝! 뚝! 떨어진다.

삶의 경계는 결국 다름이 아니리라
떨어진 가지 끝에 돋아나는 또 다른 생명체
그것은 음양에 따른 화합의 산물이며
몸을 벼려 만든 제2의 생명체
그 속에 그들은 함께 살고 있었다.

지난 날 살아온 길을 되돌아보면,
먹을 것 없는 힘든 세상을 살면서도
이웃 간에 나눔과 정을 주고받던
이웃의 슬픔을 함께 고민하며 슬퍼하던 그 시절
가난은 결코 불행이 아니라 행복이었다.

맞지 않은 옷을 입은 어색한 모습으로
저마다 옷 색깔은 각각 다른 모습으로
성냥갑처럼 짜인 조금 한 궤짝 안에서
티끌만 한 우주의 한 모퉁이에 살고 있다
세상 이치가 다 그런가 보다

풍요 속에 빈곤이
가난 속에 행복이 존재한다, 는 걸

문명의 걸작(傑作)

활활 타는 용광로에 너의 몸을 녹이고
목형의 주조 속에 너의 골격을 갖추고
각각의 성형 기계에 너의 모습 더하여
직각과 원형의 어우러진
그대의 이름은 문명의 걸작(傑作)이라 하던가!

짜인 각본에 의해 한정된 범위 아래
회전운동, 직선운동, 곡선운동에
쇳소리, 바람 소리, 미끄럼 소리를 내고
유기용제 바람에 날리어
내 몸속의 세포를 숨죽이게 한다.

압축된 에너지 공간을 가로지르고
멈출지 모르고 돌진하는 너의 힘은
삼교대 야근에 감기는 눈 부릅뜨고 있는
손가락 뚝딱 잘라 먹고
시치미 뚝 떼고 있다.

모진 성품 애정 없는 너를 보듬고
땀이 밴 너를 사랑할 수밖에 없는
아! 어이하랴?
너로 말미암아 주어지는 황금 봉투
너로 말미암아 주어지는 희망과 행복

금방앗간

쿵더쿵-
쿵더쿵-

밤에도 낮에도 금방아 찧는 소리
누렁이 새김질하는 달콤한 밤에도
한낮 마루터기에서 꼴 먹을 때에도
크랭크축 미끄럼 타고 잘도 돕니다.

색시장사 장구 소리 냇가에서 울던 날
장구 소리가 자진 가락 넘던 밤에도
애달프게 가슴 조이며 기다리던
간드레 불 피 토하는 금방아 소리

기름때 검게 그을린 양은 솥단지
길섶에서 들고 온 복사가루
집 세기 만나 사랑 나누던 날
해님도 눈이 부셔 눈을 감는다.

고무신 벗어 놓고 둔덕에 오르면
복사가루 발가락에 숨바꼭질하고
뒤 굽이 덧대어진 검정 고무신
별이 들어 속삭이며 달을 보던 밤.

오늘 같은 어느 하루

멀리서 시집온 이웃집 누님이
냇가에서 빨래할 때
미소 지은 발그레한 얼굴처럼
붉은 감 하나가

뚝-
나뭇가지에 걸려 떨어질 때
감속에서 늘어지게 잠을 자던
벌레 한 마리 깜짝 놀라 뒹구는
근처에 까치 한 마리 놀라서
솜털 하나 달랑 떨어뜨리고
파드득- 날아가는
오늘 같은 어느 하루

마당 한가운데 잠자던 흰둥이
깜짝 놀라 킹킹거리며
오줌 방울방울 흘리며
마루 밑으로 들어가는
오늘 같은 어느 하루

해당화

그리움에 찾은 발길
서먹서먹하였다만
바닷바람 목욕하고
임만나길 기다렸나
수줍은 처녀모양
부끄러운 임의 자태

춘삼월 추위에
화사한 너의 모습
임도 없는 바닷가에
붉은 입술 아름다워
살며시 귀기우려
너의 숨결 들어보네.

달빛어린 밤이 되면
술 한상 받아 놓고
고운자태 안주 삼아
육자배기 할라치면
너울너울 춤을 추며
너와 내가 하나되리

사악 골

산 넘어 산
길 따라가노라면
냇가에 긴 세월 신비의 물이 흐르고
산새들이 내려와 목 축이는 곳

산자락 가르고 길 난 곳
바윗돌 자르고 길 난 곳
나선형의 길 따라가노라면
그곳에 가면 사악 골이 있다.

구름도 잠시 쉬워 가고
바람도 쉬어 가는
그곳은 위례산 성과 맞닿는 곳

산 손님도 잠시 머물다 가는 약수터
한 모금에 더위를 잊고
한 모금에 근심도 사라지는
공기 좋고 경치 좋은 곳

가노라면 산속의 인가(人家)
자연과 함께 숨 쉬며 사는
그곳에 사람의 정(情)을 그리워하며
지나는 길손을 반가이 맞이한다.

경산 박혜숙

위대한 한국예술에 몸담은 여류시인

묵향) 上 略 /지필묵과 함께 살아온 세월/ 화선지 꺼내어 묵향을 입히고 /영원토록 그 향기 동반자 되리

박혜숙 시인의 예술적 감각은 남다르다.

박 시인은 인고의 세월을 지필묵(紙筆墨)과 함께 살아왔다. 박 시인은 혼자만의 잔잔한 공간 속에서 묵향(墨香)만이 그의 유일한 친구이며, 동반자라고 표현했다. 이것은 예술가가 얻은 영혼의 가치관이다. 무진장 길고 긴 시간 앞에 존재한 지필묵이야말로 자신을 위한 거대한 충족 창안이었다.

벼루엔 물을 묻히고, 손에는 먹을 갈면서, 자신을 갈고, 땅을 갈고, 하늘을 갈고, 꿈을 갈아가는 서예가! 그는 다시 화선지에 먹(墨)을 입히고, 자신(自身)을 입히고, 또 미래(未來)를 입혀나간다.

필자와 인연되면서 시작(詩作)한 박 시인은 그 시적(詩的) 재능을 발휘하기 시작했다. 고향사람들이 **〈내 고향 조도〉**라는 그의 시를 비문으로 고향입구에 세워놓고, 박 시인의 재주를 칭송한다는 소식도 들었다.

이렇듯 박시인은 서예와, 시와, 이젠 북춤까지 만들어 내는 뛰어난 재주로 하여, 항시 갈채 속의 공주였다.

이처럼 서예와 시와 북춤까지 겸한 박 시인은 지금 막 한국의 대표적인 예술가로 뜨는 시인이었다.

병철 崔良熙 (시인. 소설가. 문학평론가)

- 대한민국 서예술 대전 대상(초대작가) 대한민국 서예 휘호 대회대상(초대작가) 대한민국 서예대전 입선 3회. 경기 미술대전 입, 특선 및(초대작가) 경인미술대전 입, 특선 및 (초대작가)동양 미술대전 특선 우수상(초대작가) 월간 서예대전입, 특선. 전남도전 특선. 세계예능 교류대회(군무) 대상. 농어민 서예대전(우수상) 고운 최치원선생 추모전국 대회(우수상) 문예사조 시부분 신인상 수상. 경산서예학원 운영
- 문예사조 문인협회회원 (사)한내문학 회원

묵 향

잔잔한 음악
혼자만의 시간

작업실에 들어서면
묵향이 나를 부르고

국화차 음미하며
벼루에 물을 부어
손으로는 먹을 갈고

입속에는 국화향기
눈으로는 시를 읽고
코끝에는 묵향기라

지필묵과 함께 살아온 세월
화선지 꺼내어 묵향을 입히고
영원토록 그 향기 동반자 되리

사 랑

행여나 하는 마음으로
설레이는 가슴을 연다

자꾸 초조해지는 기다림
연신 만지작거려지는 전화기

너무 보고 싶어도 아픈 걸까?
너무 기다려도 마음이 허전할까?

나는 너와 함께
나를 보는 눈빛에 너를 보고
너의 밝은 미소에 나를 보며

물결이 일렁이듯
내 마음에 파문이 일어난다

사랑은 이런 걸까?

인 연

당신 기다린 어젯밤 꿈속에서
우연의 일치일까 전화 벨소리
부드러운 목소리가 들려옵니다

허전한 마음 온기로 채워지고
보고픈 마음 목소리로 달래는데
한도 없는 그리움이 밀려옵니다

소리 없는 가랑비가 내리는 밤
책상 위 펼쳐진 사진첩 속에
활짝 웃는 당신은 나의 안식

당신 알고부터 내 삶의 흔적은
내 안에 머무는 당신과 같이
기쁨도 아픔도 함께 합니다

꽃 비

만개한 백화에 꽃비 내리니
살랑 봄바람 시샘을 하나

샤르르 소리 없이 춤추며
머리 위 발등까지 하얗게
어느새 물들여진 하얀 천사

하얀 꽃잎 다칠세라 각시걸음
멈춰선 발걸음에 꽃비들의 속삭임

행복노래 부른다! 꽃길 위에
눈감고 기다린다! 꽃비의 입맞춤

자 연

낯선 등반 객 쉬어가는
푸른 숲 사이에 작은 정자

불어오는 바람결 솔향기 산내음
자연 벗 삼아 풍류를 즐기며

저마다 배낭 속에 챙겨온 얘기꽃
친구니 형님이니 눈인사 건네며

오르락 내리락 산 지킴이
변함없이 머물러 반겨주네

얼룩진 구슬땀 시원한 산등성이
넓은 바위에 자리 풀고서

홍주한잔 떡갈잎에 잔 기울이니
흐르는 물 풍악을 대신하고
자연이 주는 기쁨 세상사 즐거워라

고구마

그릇에 담겨진 고구마가
뿌리를 내리고 줄기를 뻗는다

고구마로 점심하던 날
소쿠리에 꺼내다가
옹기종기 모여앉아 호호 불며 먹었었지

붉어진 고구마 줄기 밑에
흙을 파고 고구마 캐어
풀 섶에 흙 털고 맛있게 먹고 나면
입술에 고구마진 까맣게 물이들고
돼지 입술 되었다고 친구들은 놀려댔었지

밭갈이 아저씨 고구마 캐던 날
소에 멍에 걸고 훌채 끼워서
이랴!! 이놈의 소 어서가자! 이랴!

줄이어 고구마를 줍는 다섯 공주
한둑 두둑 고구마는 쌓여가고
저녁노을 붉게 물드는 고구마 밭
울 엄마 얼굴에도 미소가 번진다

고향 산천

해양도로 굽이굽이 절경이루는
아름다운 고향 산천에 금빛 모래밭

산 넘어 등산로길 돌고 돌아가면
신비로운 새들의 섬! 진도 조도(鳥島)여

보는 이의 시각 따라 다 각색 형상의 섬
동서남북 둘러보니 저절로 시 한수

눈부신 태양아래 축복 받은 조도인
맑은 공기 가슴 가득 들이키고서

바닷가에 낚시 바늘 드리우고
한가로이 노니는 고기떼 쳐다보니

즐거울 사 이내마음 너무 흡족해
흘러가는 뭉개구름 쳐다보면서

머잖아 조도 땅에 발을 붙이고
산천초목 벗 삼아 살아가리라

삶의 향기

시끌 벅적 빠른 일손 시골 장터에
좁은 길 오가며 부딪힌 어깨 뒤로
남녀노소 재래시장 우리네 삶의 현장
모퉁이 한쪽엔 먹자 판 벌어지고
뻥튀기 아저씨 귀 막으라 소리 치네

가위질 엿장수 흥겨운 노랫가락
저절로 어깨춤 들썩거리고
북 장고에 굿거리장단 맞춰
점잖게 구경하던 신사양반도
우리네 전통악기 흥에 겨워
꽹과리 손에 걸고 신나게 두드리네

인심 좋은 시골 장터 북적대지만
모두 다 웃는 얼굴 양손 가득히
묻어나는 행복이 꿈틀거린다

들 꽃

언덕 위에 이름모를 들꽃들
노오란꽃 하얀꽃 연분홍꽃

스스로 자생하여 뿌리내리고
우아한 자태로 들 속에 피운 꽃

움직일 줄 모르는 나의 발걸음
속마음까지 노랗게 물들인다

꽃밭에 짝 지어 춤추는 나비
들꽃 속에 숨어 사랑 속삭이나

냇가를 가로 질은 작은 길 따라
온갖 들꽃들 향기에 취해

파스텔 물감으로 그려 놓고서
사계절을 그 향기에 취해보련다

보리밭

산에 소를 풀어 놓아 기르던
동네 오빠와 동생 함께 모여서
소 떼 지키려 가는 길목 따라
이어진 보리밭 길기도 한데

누우런 보리 뽑아 한손에 가득
모닥불 피워놓고 보릿대 피리 불며
필리리~ 필리릴~ 보리알 익어간다

구워지면 손바닥에 비벼 불어서
입안 가득 톡톡 보리알 터진 소리
숱검댕이 까맣게 입에 묻어도
히히 낙락 즐거웠지 오염 없던 그 시절

여름날 햇볕 아래 며칠 몇 날을
구슬땀 흘리며 낫으로 보리베어
달 밝은 밤에도 밤낮없이 보리치기

울 엄마

자식은 내리사랑 이라고 했던가
출가한 자식 생각하다 보니
시골집에 계신 울 엄마가 생각난다

훌쩍 흘러가 버린 세월
젊은날 농사일로 고생만 하시더니
이제는 일흔을 훌쩍 넘기시고

자식 사랑 반이라도 효도 하려지만
또 다시 잊고 살아가는 세월들

지금도 틈만 나면 이것저것 모두 챙겨
택배 왔다 풀어보면 상자 안이 가득하고

엄마 손길 엄마사랑 엄마의 모든 것이
고마움과 미안함이 한꺼번에 밀려오고
코끝이 찡해오며 눈시울이 붉어 진다

국정 최옥순

천부적 시상을 타고난 여류시인

묵향으로 그리는 그리움) 검은 먹 곱게 이어진 난/ 향기는 없고 묵향만 풍기네/ 中略 / 구름 짙은 밤하늘/ 묵향 눈바람 되어 몰아치고 있네

그림이 곧 시(詩)요, 시가 바로 그림(畵)이다.

최 시인은 향기 없는 그림 속에 수천가지의 마음을 정성스럽게 그려 넣는다. 그림 속에 사색과 그리움까지 담뿍 쏟다보니 왠지 모르게 허탈한 마음은 허공 속으로 날아간다.

사실 인간은 여럿이면서도 늘 혼자였다. 찬 서리 같은 외로움이 소용돌이친다. 그러한 최 시인의 고독은 혼자만의 것이 아니다. 눈바람 몰아치는, 그런 외로움이 늘 우리 곁을 떠나지 않고 있다는 것이다.

이처럼, 최 시인은 구색(具色)갖춘 문기(文氣)로 시풍(詩風)에, 화풍(畵風)까지 일으키면서, 인간세계의 공허함을 멋지게 형상화 시켰다.

최 시인은 〈고운 최치원〉 선생의 후손임을 자랑스럽게 여기면서, 선비다운 품성으로 그림과 시의 기조를 이룬, 첫 시집 "들국화 향기"라는 시집을 출간시키면서 세계적은 문인들과 접하게 됐다. 그러면서 최 시인이 한국문단에 별처럼 떠오를 무렵, 필자와도 인연이 됐든 것이다.

한마디로 그의 시는 움직이는 산물이었다. 그의 시는 머리와, 가슴, 몸통과 꼬리를 제대로 갖춘 대어(大魚)로써, 허약한 독자에게 양식과 식욕을 복 돋아 주고 있는 시인이었다.

병철 崔良熙 (시인. 소설가. 문학평론가)

- 경남진주출생
- 1993년 한맥문학 수필 등단, 문예춘추 詩 신인상 수상
- 국제문화예술협회 매월당(김시습) 詩 문학상 본상 수상
- 제13회 에피포도 예술상 수필부분 본상 국제펜클럽회원
- 한국현대시인협회회원 한국문인협회 회원 (사) 한내문학회원

묵향으로 그리는 그리움

검은 먹 곱게 이어진 난
향기는 없고 묵향만 풍기네
수천가지 사색 그리움까지
그려 넣고 보니
그리움 허공 속에 날아가네
고요한 시간 옛날이나 지금이나
똑같이 흐르는 시계소리
온갖 곳의 소리는 모두 같은데
변하는 모습은
사람의 모습이련가?
구름 짙은 밤하늘
묵향 눈바람 되어 몰아치고 있네

연 꽃

푸르고 넓적한 잎
아기 앉고 앉아 있는 여인과 닮은 잎
살며시 햇살에 고개 든 연꽃
수줍어 얼굴 붉힌 볼
겹치는 연잎 위에
안개 이슬 내려 앉네

연 잎에 걸터앉아 지그시 바라보니
연못 가득 메운 연 향기 속삭이며
뜨거운 태양 아래 온 몸 휘감은 듯
식을 줄 모르는 그 사랑안에
심청이 눈물 고여 있네

여름 길목에서

창가에 앉아
아름다운 시 한 구절 본다

여름이 오는 소리에
음악이 흐르는 진한 신록의 향기에 안겨 본다

땀이 스며든 흙내음
고향의 향취에 취해 본다

보라 빛 청초한 향내 섞어
은은한 새소리

그리움으로 가슴 새겨진 사랑
여름 길목에 떠날 채비를 한다

찔레꽃

하얀 꽃잎에 웃음을 섞어 놓은 향기
포근한 사랑으로 나의 발걸음 붙잡네
님의 본성 따라 끊임없이 흔들리며
생성하는 아름다운 그 마음 그 자체이어라
다종다양(多種多樣)하여 유일한 가시속 하얀꽃이여!
인내에 인내를 더하여 향기를 토하는구나
만물위에 올려 놓은 찔레꽃
인내는 행운의 이름아래
용서하며 사랑하며
이맘 때면 피는 너의 사랑의 꽃이여!
암흑과 광명이 교차에 생겨나
영화(榮華)와 같은 밝은 빛 비추니
어둠은 곧 사라지듯 님! 향한 미소로 그 사랑 맞이하리

세월을 타고 가네

하늘은 시시각각(時時刻刻) 변하여
회색 하늘 아래 세월을 노래하는 사람 있으니
문득 듣네

말없이 흐르는 강물위에
흥을 타며 세월을 낚는 사람처럼
덩달아 기쁨을 빚고 있다

높은 하늘 땅의 인연 안에
더 깊고 더 큰 생각으로
너 와 나
큰 뜻을 향해 세월 따라 말없이 가고 있네

바 위

영원히 닳지도
때 묻지도 않게
간직한 우아함이여!
알 든 모르든
홀로 걸어가는 길
끝없이 바라보고 바라보는
아름다운 선한 하늘 사랑
그 사랑
바위에 입이 있다면
말 할 테니
변함없이
그 자리에
거룩한 길 걸어 가네

개구리 소리

쉴 새 없이
떠는 소리
못내 아쉬움 듯
이리저리 커다란 눈으로
넓은 황토 흙 숨바꼭질
검게 그을린 농부
발꿈치 졸졸 따라다니며
작은 몸짓으로
가려움 전해주자
일하는 손 멈추고
땀 닦아 옆으로 돌아보니
개구리 노랫소리에
논두렁 덩달아 춤 추네

침 묵

봄바람 스쳐지나 간 자리
난 꽃잎 떨어져
슬퍼 부는 밤이었나 보다
나의 벗이여!
시인은 사랑을 읊고
깊은 밤 얼룩 백이 황소는
어디로 갔는지 알 수가 없는 시골 밤
별빛만 그 자리 대신할 때
침묵으로
침묵이란 단어
하늘에 그려 넣고 있구나 !
깊은 침묵 속에 누리는 기쁨
또한 즐겁지 아니 한가 ?

신시도

출렁이는 파도 물결 따라
야미도 신시도 섬 아닌 육지 모습에
거센 파도 흔적 짠 소금끼 아직 남아 있네
바닷길 사이로 달려 본 마음
공중에 나는 새 보이지 않지만
하늘 가득 메운 새 울음소리
막을 수 없고
길 따라!
길 따라!
바다 한가운데 서성이며
거센 파도에 떠내려가듯
매혹된 신시도여!
누군가 그리운 고향이련가?
신시도 사랑이여!

가슴 여린 詩

하얀 꿈 그린 수채화
산야에 꽃으로 피여 오르네
흔들리는 나뭇가지 그네타고

들리듯 말듯
누군가 외치며
고드름 수근거리네

겹겹이 쌓인 마른 잎 아래
호흡하며 살아 숨쉬는 그들 앞에
희망의 꿈 솟아오르고

세상 염려 훌훌 털어 나뭇가지 위에 걸어놓고
푸른 창공 떼지어나는 새 틈에 끼어
내 마음도 날고 있네

사랑이 꿈틀거리는
희망의 詩를
사랑하는 사람을 위해 밤낮으로
그대 앞에 읊으리라

목련화

깊은 잠 깬
고고한 내 사랑
살뿐이 오신님 닫힌 마음 문 열어
하얀 마음으로 맞이합니다

그리움에 사무친
긴 밤 뜬 눈으로 지새고
사랑 노래 춤추며
당신의 향기 품어 봅니다

쉬지 않는 시간 틈새 끼여
설레임으로 고이 간직한 향기
그리움을 바람결에 멀리 뿌려 봅니다

바라볼수록 그리움만 쌓여가는 목련화 사랑
갈매기 앞세우고 뻐꾸기 노래하는
님의 따스한 봄기운에 입 맞추며
그대 사랑 내 사랑입니다

신 승 환

청운의 꿈이 가득한 문학청년

첫 만남) 해살이 눈부시게/ 부서지는 오후의 강가/ 인어 한 마리/ 바위에 안자 노래하네/ 은빛 인어/ 바늘 반짝임에/ 눈이 멀었고/ 中略 / 마음을 도려/ 종이배를 만들어/ 뛰어 보내네

신승환 시인은 시에 눈 뜨기 시작하면서부터 끝임 없는 열정으로 수많은 시를 생산(生産)하고 있다. 여기 "첫 만남"에서 신 시인이 비유시킨 주인공은 여인이지만 그 여인은 위 시에서 표현한 바와 같이, 그리움의 대상(對象) 즉, 그 대상은 혼을 뺏는 절대적인 미인이다. 그러기에 작자(作者)는 눈에 콩깍지 씌고부터, 사무치는 정을 도려, 종이배 띄어 보내야 하는 그 절절한 아쉬움을 노래했다. 외로운 종이배의 정성으로 하여금, 언젠가는 은어가 마음을 열 것 같은 서정시다.

사랑이란 바로 이런 것이기에, 감성(感性)을 다듬은 사랑의 전주곡 같은 이미지를 실었으니, 이 詩에서 신 시인은, 詩의 본뜻을 살려내면서, 시를 살찌우고, 사랑의 아름다움을 더 키워냈던 것이다.

신 시인은 무슨 일이든 집념과 가능성을 가진, 청운의 꿈이 가득한 문학청년으로써, 지금 시작활동(詩作活動)에 정열을 쏟고 있다.

신 시인은 부담 없는 관용어를 사용하면서 수많은 현대인이 좋아하는, 예뿐 소녀의 단발머리처럼 깔끔하고 윤기 흐르는 사랑의 시(詩)가 특징이라 하겠다.

병철 崔良熙 (시인. 소설가. 문학평론가)

- 전라북도 군산
- 원광대학교 전기공학과. 적십자 수상안전 요원 적십자 수상안전법 강사. 적십자 응급처치법 강사. 전국 장애인수영연맹 장애인 수영심판
- 전국 장애인수영연맹 장애인 수영지도자
- (사)한내문학 계간 제21호 시 부문 신인상 수상 (사)한내문학 사무국장
- 한국 중부발전(주) 보령화력본부 재직

첫 만남

해살이 눈 부시게
부서지는 오후의 강가

인어 한 마리
바위에 안자 노래하네

은빛 인어
바늘 반짝임에
눈이 멀었고

내 심장 고동소리에
귀도 멀었네

마음을 도려
종이배를 만들어
띄어 보내네

눈오는 밤

세상은
하이얀 풀밭

눈은
천사 날개 달고
시를 쓰면
하늘을 날고

나무에 핀 설화
달빛 받아 반짝이는데

가슴은
왜 이리 시려 오는 걸까

외로움은
밤 속으로 스며들며

무심한 밤은
말이 없네

난 초

노란 줄무늬에
파란 치마

한손은 허리에 대고
다른 손은 하늘로 펼치면서

꽃순 꽃순 마다
꽃 방울이 너무 아름다워

다소곳이 고개를 숙인 꽃잎
살포시 웃으며

은은한 너의 향기
온 천지에 퍼져 가누다

사 랑

불 꽃 같은 당신의 사랑에
내 몸이 타들어 갈 것 같습니다

폭우처럼 내리는 당신의 사랑에
나는 젖은 몸으로 떨고 있습니다.

당신의 큰 사랑의 소리에
내 사랑의 속삭임은 들리지 않습니다

천둥 같은 사랑의 소리로
지쳐 쓰러진 당신

이제 내 사랑의 작은 목소리에
뺨에 흐르는 당신의 눈물을 봅니다

시 련

머리에 가시관을 쓰고
자갈길을 걷다보니
발바닥은 만시창

아픔을 참지 못해
지쳐 넘어지면
무릅에 피 흐르네

바다에 다 달아
한숨 가다듬고
쪽배에 올라
순풍에 닻 올렸건만

홀연 이는 광풍
포효하며 휘몰아치고 파도는
사지를 뒤틀며 날 뛰는데

어둠은 천지를 덥고
갈 길은 보이질 않는 구나

봄 풍경

겨울의 시샘으로
다시 겨울이 오려나 봅니다

활짝 폈던 어깨가
칼바람으로 움츠려 들려 합니다

산중턱의 진달래꽃은
칼바람하고 악수를 하고
우리에게 손을 흔들어 줍니다

산 초입 미소모양의 개나리들은
하늘을 향해 활짝 웃고 있습니다

진달래와 개나리는
봄의 전령사 입니다

밤 꽃

님 향기에
사립문 열었네

소리 없이
향기로만 말하는
님 찾아

동산에 오르니
님은 간데없고

밤꽃 향기만
그윽하네

5월 오후

엷은 구름 드리운 오후
산새소리 가득한 강가에 나와

잠자는 수룡 젖가슴에 누워
바람의 여신과 포옹을 하고
감미로운 키스로 열애에 빠진다

귀가에 들려오는 물소리에
마음의 눈 뜨고 고쳐 앉아
머리에 하늘을 얹는다

쟈스민

집에 들어오면
쟈스민 향이
와락 나를 껴안네

향기로 말하는
쟈스민에게

눈길로
인사를 한다

피어난 보랏빛 꽃몽오리
하이얀 작은 손수건으로
이별을 말해 주네

가신님

머리 풀어
참빗으로 빗어 내리고

거울 보고
꽃단장 하며
기다리던 님

햇님 머리에
이고 오셨지

소쩍새가 울기 전에
떠난 야속한 님아
무엇이 그리 바쁘셨을까?

쟈스민 꽃
다 지기 전엔
다시 오시려나

우 리

당신은 태양
나는 달

당신의 태양으로
대지의 생명을 소생시키면

나의 달빛으로
세상의 어둠을 밝힌다

낮의 태양
밤의 달로

우리는 둘이면서도
언제나 하나인 것을........

정 윤 신 현 숙

영적시상이 기발한 여류시인

잘 사는 법) 늘 변함없는 저 산천은/ 비바람 몰아쳐도/ 바람 부는 대로/ 비 내리는 대로/ 찢겨나가고 부스러져도/ 그런 것들이 가버리면/ 모두 잊어버리고/ 꿋꿋이 서있는 그 모습은/ 세월의 힘이던가/ 자신의 힘이던가/ 원망하지도/ 미워하지도 않는구나/ (화내지 말고 지혜롭게 살란 뜻)

필자는 수십 편의 시중에서 '잘 사는 법' 이란 시를 택한다.

눈 비바람에 찢어지고, 부러져도, 원망하거나, 미워하지도 않는 산천처럼, '지혜롭게 살라'는 신 시인의 시심(詩心)을, 우리가 한번은 꼭 짚어봐야 할 것이다. 그러니까 이 시는 사회풍조의 욕심과 증오의 한계를 뛰어넘지 말라는 뜻도 된다.

신 시인은 영적감응이 예사롭지 않은 탓인지, 서로의 대화 속에서도 언뜻 언뜻 튀어나오는 말씀자체가 시어(詩語)이고 인생철학(人生哲學)이라는 것을, 필자는 수없이 느껴오던 터였다.

신현숙 시인은 겸손한 자세로 시작(詩作)한지가 3년을 넘기면서 그의 시 행보는 무척 빨라졌다. 그가 빠른 기간에 시인으로써의 자질과 격상을 한층 높이 올려놓으니 이곳저곳에서 축하메세지가 끝임 없다.

신 시인께서는 풍랑을 만나도 거북등을 타고 나올 수 있는 공덕과 지회를 지니고 있을 뿐만 아니라, 삶 자체부터 바르고 정직한 미덕을 중시하는 시인이다. 그리고 시인은 동일한 조건이라도 새로운 삶을 일깨워주며, 다양성 있는 변화와 더불어, 사물의 관조를 통한 영적시인이다.

병철 崔良熙 (시인. 소설가. 문학평론가)

- 보령시 민족통일 여성협의회 회장
- 평화대사 사무차장 / 시민경찰감사 / 사회복지 6기
- 공주대 산업대 17기 부회장
- 사단법인 한내문학 계간 제21호 시 부분 신인상 수상
- 사단법인 한내문학 부회장

잘 사는 법

늘 변함없는 저 산천은
비바람 몰아쳐도
바람 부는 대로
비 내리는 대로

찢겨나가고 부스러져도
그런 것들이 가버리면
모두 잊어버리고
꿋꿋이 서있는 그 모습

세월의 힘이던가
자신의 힘이던가
원망하지도
미워하지도 않는구나

(화내지 말고 지혜롭게 살란 뜻)

시대 꽃 현실

커다란 공간 속에
이 바람 저 바람
곳곳에서 불어와

부서지고
떨어지며
터져가는

철없는 4월의 꽃들은
제 고향에 왔다고
활짝 피었건만

그 모습은
세월을 원망하며
묵묵히 한 숨 짓네

– 천안함 침몰 사건을 보면서 –

부모님

날 뿌리치고 가는님
그 마음 멀리 떠나갔고

따라 간들 허성세월
생각 없이 던진
사연 한마디

가슴 깊이 꽂히어
까만 산을 이루니
답답한 이 내가슴
한 숨 뿐이네

인 연

허공에서 보내주신
인연 그리며
산 넘고 물을 건너
찾아온 안면도
넓은 바다
새들이 반겨주네

물 비운 자리에
굴 따고 고동 잡아
숯불위에 올려놓고
미래의 꽃을 피우려다
시간마저 잊어버린 순간들
하얀 백지위에
추억으로 담아두리

세 월

머 언 길
한걸음에 갈 수 없고

큰 가슴
무 세월에 만들 수 없으니

오는님
가는님

따뜻한 마음으로
감싸 안고

다져온 세월이
큰 가슴을 낳는다

삶

행복이라 느꼈을 때
무엇을 보았는가

지나온 날들을
아니 먼 앞날을

너무 환해서
아무것도 볼 수가 없었는데

그 시절 좋은 씨 만들어
봄날에 뿌렸더라면

튼튼한 줄기타고 환한 꽃잎
활짝 웃고 있을 걸………

큰 일꾼

고요한 아침

햇빛마저도 실눈 뜨고
바라보네

진동하듯 외치던 소리
고이 잠들어 버리고

큰 일꾼 나오느라

밤의 무게를 실은
든든한 숨소리 들리네

– 6.2 지방선거를 치루며 –

여 름

불볕이 쏟아지는 날
거리는 이글이글 끓어오르고

곡식과 초목들은
태양을 먹으면서

살이 찌어가고
진록의 옷으로 갈아입으며

뜨겁단 말도 없이
세상에 흔적 남기려

스스로 모양 색깔 만들면서
열심히 살고 있네

(나무는 열매를, 사람은 이름을, 보람되게 살자는 뜻)

할미꽃

고개 숙여
할미꽃이던가

온몸엔 솜털 보송보송
갓 태어난 아이처럼

고개도 못 드는
수줍은 새악시처럼

늘 겸손한 그 모습
아름다워라 할미꽃

애기꽃도 엄마꽃도
할미꽃 닮았구나

님

눈 속에 정겨움

가슴속에 온화함

몸짓에 정직함이

발걸음에 박력이

님은 희망이요

나의 사랑입니다

낙 조

온 세상을
당당하게 비추어주는 너
시민경찰 교육마치고
대천해수욕장에 들어섰을 때
지상의 낙원이던가

잔잔한 파도가 춤추며 반겨주고
4기 시민경찰들의 환한 미소들이
바라보는 저 태양

황혼의 자리 깔고
빛의 날개를 접으며
마중 나온 저녁노을 품으로
살포시 숨어버렸네

– 시민경찰 4기 수료식 날 –

이 동 천

격조 높은 서예와 불심 깊은 지성시인

목단꽃 앞에서) 上略/ 아이! 이게 웬일 일까? / 싹이 자라 마침내 한 그루의 나무가 되었는데/ 그 해에 박선달네 목단은 뿌리 채 죽고 / 우리집 목단 꽃만 잘 자라났다/ 下略

신비(神秘)한 복(福)이 붙어있는 전설(傳說) 같은 시(詩).

여기 이동천 시인이, 발선달네 집에서 얻어온 새순하나가 마침내 꽃을 피웠다는, 보기 드문 장시(長詩)였다. 필자는 생각 끝에 장시에 관한 함축을 논의했다. 그러나 이 시인은 웃으면서 '다른 사람들과 똑같은 시를 쓰면 무슨 의미가 있느냐? 고, 대답했다. 곰곰이 생각해보니, 그의 말이 맞는 말이다. 이 시인의 시를 보면, 금방 그의 성품을 알 수 있듯이, 독특한 성격과 대쪽같은 선비정신의 소유자였다. 그것을 그의 시와 인품에서 다 말해주는 것이다.

시인은 어려서부터 양반가문의 법도(法道)를 중시하는 유교적 사상(儒教的思想)을 바탕으로 비뚤어진 사회를 바로 잡으려는 야망과 함께, 그 어떠한 권력에서 굴하지 않았을 뿐더러, 더욱이 부정부패를 결코 그냥 넘기는 공무원이 아니었다.

이 시인은 출중한 가문의 부친 뜻을 이어받든 위엄 있는 선비로써, 전국서예(全國書藝)의 황제로 그 명성을 떨치고 있다. 일생을 불심과 서예로 평생을 살아왔는데, 지금은 시인으로써도 쉽게 그 재능을 살려낸, 한국의 서예와 도력(道力)의 시인이었다.

병철 崔良熙 (시인. 소설가. 문학평론가)

- 대전시 사무관 정년퇴임
- (사) 한국서예협회충남도 지회장
- (사) 한내문학 계간 제21호 시 등단 신인상 수상
- (사) 한내문학 운영위원

목단꽃 앞에서

예닐곱살 아이가
그 집에 동무가 있어 늘 놀러가던 곳
박선달네 정원 앞에 쪼그리고 앉아있다

오늘이 박선달네 목단나무 내심는 날
이날은 동네사람이 다 아는
그 집 일꾼들의 중대한 행사
겨우내 퉁가리속 방에서 겨울을 지내고
새봄 맞아 정원으로 나오는 날이다

동네에 오직 목단나무는 그 집 하나뿐
그 꽃나무 속에 복이 들어있어
복 달아난다고 아무에게도 주지 않는
신주단지 모시듯 하는 목단꽃

나무에는 온통 새순이 연분홍색으로
부둑지게 돋아나 있는 것이 신기하여
쪼그리고 앉아있으니 거리적 거렸던가
안주인이 저리 비키라고 핀잔을 한다

대대로 내려오는 보물단지 목단나무
새순하나가 뿌리도 없이 뚝 떨어지니
안주인이 일꾼들한테 눈을 부라린다

송구해하는 모습이 안쓰럽다

그 집 안주인이 떨어진 새싹을 들고
옛다! 너 나 가져라! 하며 내게 건넨다

새싹을 받아들고 달려와 장광에 심고
매일 매일 들여다보며 물을 주었다

아이! 이게 웬일 일까?
싹이 자라 마침내 한그루의 나무가 되었는데
그해에 박선달네 목단은 뿌리 채 죽고
우리집 목단 꽃만 잘 자라났다

몇 해 자라면서 꽃이 피었는데
박선달네 집에선 분홍색으로 피던 꽃이
우리 집에선 자주색 붉은 꽃으로 피었다
아버지가 좋아하시며 화단을 만드니
집전체가 목단숲으로 어우러졌다

복을 가져온 것일까?
그 후 우리집은 살림이 늘어나며
동네 부자소리를 듣게 되었고
박선달네 집은 동네에서 떠나버렸다

〈목단처럼 곱고 향기로운 마음을 지닌 예닐곱살 어린시절을 목단 꽃 앞에서 그려 본다〉

창벽이 아름다워

머루다래 얽혀 살면서도
향기품은 청솔은 늘 푸르고
금강물 굽이굽이 돌아 휘감고
흘러가는 창벽이 아름다워

정기어린 계룡 영산에
물들이고 떨어지는 노을
반짝이는 별 세며 시름 잊고
동심 얻는 창공이 아름다워

청솔 창벽에 노을번지는
신선바위 산기슭에 앉아
먹 갈고 시향과 묵향 피우며
무심처로 머문 것도 아름다워

엄마생각

큰길에서 떨어진 아주 깊은 산속
고개 들고 하늘을 봐야하는
동네 꼭대기 부엉골 산 밑에
행세한다는 삼십여 가구가 살았다네

나이는 황혼이지만
어머니 아닌 엄마가 있었는데
고운 살결에 자으마한 키
예쁘장하게 생기신 모습이 삼삼하다네

문 앞 개울가에 빨래하는 엄마는
빨래터 웅덩이에 나를 담가놓으시고
엄마한테 자꾸 기어오르면
새우 잡아 입에 넣어주며 날 달래 셨다네

아마 세 살 때쯤 일까
지금도 아삭아삭 새우 씹어 먹으며
좋아했던 기억이 되살아나네

아버지 일하시는 고개 너머에
밥을 이고, 동생 업고, 주전자를 들고
꼬불꼬불 고갯길을 올라가시곤 하셨네

고달픔 잊고 고생만 하시면서도
예나 지금이나 안자함 만 보이신
엄마생각이 더욱 아련하게 떠오르네

초로인생

바람결에 날아왔나
꿈결 따라 날아왔나
부모은공 생각 없이
덧없이 저무는 한 인생

영롱하게 사라지는
풀끝에 아침 이슬
바람타고 갈 것인가
꿈결 따라 갈 것인가

희미한 발자국
흘려보낸 인생살이
흰 수염 매만지며
지난날 돌아보니
무심한 인생살이
영롱하게 사라질까

고은미소

빌 공, 아니 불, 없을 무,
속절없이 비는 뜻은
가득할 만 자, 가할 가 자
있을 유자의 바램인가?

가득할 만자, 가할 가자,
탐욕에 젖은 마음, 있을 유
빌 공자, 아니 불자, 없을 무,
반야바라밀다심경

부처님 고은미소 올려보며
낭랑한 음성으로
반야심경 하염없이 비는 마음

뜨거운 눈물 속에 참회되어
반야심경 설하시며
곱게 지은 부처님의 그 미소가
무서운 줄 이제야 알겠네

모과나무 다정집

군관민이라 부르던 시절
관의 권위가 대단한 시대
군청서기도 기세가 좋았지

군 내 읍에는 고급유흥장이 단하나
황금빛 모과 익어 늘어진 다정집
영감님과 사장님들만 드나들었지

이집 주인마님 콧대가 안하무인
군사혁명이 지난 구식이 있던 시대
일본식 건물에 요정이라고 불리는 집
매월 초 유흥음식세 자진신고 받는 날
군청서기도 으쓱
나이 더 많은 읍 직원 대동하고
제일 비싼 이집 먼저 들어간다

가방도 제법 큰 놈 들고
수첩 옆에 끼고 문간에 들어서니
이집 마님 이층에서 나가라고 손짓 한다
세금은 지난달과 항상 같고
감히 누가 올릴 생각 엄두도 못내는 일

아름드리 모과나무 서리 맞아

황금빛 탐스럽게 주렁주렁
귀하신분들 집집 술 단지에 들어간다
신분이 세금 담당이라 하나쯤은 갖고 싶다
도도한 주인마님 어림없는 일
슬그머니 심술기가 발동 한다
한번 두고 보자고!

세무조사 할 엄두도 못 내지만
야심하면 검사님들 뒷문으로 들어오신 단다
선녀 같은 아가시들 시중 받고
흥청거린다는 정보란다

거사를 다짐하고 앞 이층옥상 어둠 속에
모기 살찌우며 충성스레 잠복이다
자정이 가까우니 뒷문이 소리 없이
활짝 열리더니 보기 힘든 검은 세단 들어온다
미녀들이 교자상 서너개 받쳐 들고
영감님들 앞에 아장거린다
주흥이 도도할 쯤 사뿐히 들어서며
직성명 조아리고 송구해하는 모습으로
술상가격 확인을 요청하니 버럭 화를 낸다
아마 애숭이 검사겠지
수장으로 보이는 분이 점잖게 수고한다며
확인하라 지시 한다

결재 없이 조사하고 결과를 보고하니
과장님 몹시도 마땅찮다

과표를 올려 누진으로 계산 하니
일년치가 한달에 부과 된다
과장님 결재 난에 도장대신 연필로 쫙- 내려 긋는다
갱지에 박힌 자욱 지울 수 없는지라
내 팽개치며 딴전 피니
과장님 요리조리 눈치 살피드니
다시 결재 올리라 호령이다
결재대 받쳐 들고 군수님께 펴 보이니
공이 하나 더 붙었나 하문이다
자초지종 설명하니 받을 수 있을까 두런댄다
몇 달지나 다정집 문 닫게 되었다고 야단이다

온갖 수단 다 해봐도 내 마음 요지부동
과장님이 어느 날 전 직원 한사람도 빠짐없이
점심식사 하라하고 다정집으로 안내 된다
수군수군 모두가 내 말하는 듯
가다말고 중간에 골목으로 살짝 빠져드니
과장님과 마님 낙심이 천만 이더란다
마음 아픈 다정집을 뒤로하고 집에 오니
탐스런 모과바구니하나 가득
연유를 물어보니 그 집 마님이 이고 오셨더란다
지체 말고 도로 갖다 주라고 보냈더니
그 집 마님 울더란다
이쯤이면 풀어줄 때라 평상으로 돌려주니
그 집 마님 말단 직원도
사람대접 하는 법을 터득한 듯!

직장 옮겨 세월지난 후에
접대 받게 되어 다정집 찾았더니
색시둘이 받쳐 들고 하나는 나가란다
내 옆에는 늙은 마담 앉겠단다

모진 한을 풀랴한 듯 수작을 걸더라만
지금은 어데서 누굴 울리느냐고 빈중댄다
생각 없이 던진 말이 세무서에 있다하니
정통으로 맞은 듯이 혼비백산 도망가며
더 예쁜 색시 보내 아양 떠는 모습 떠올리며
나도 어지간 했었구만! 하고 혼자 뇌까려 본다

황철죽 피면

계룡산 가슴 속 같은
신도안 골짜기
자그마한 움막집 한 채
절인가, 암자인가, 선사인가?
이름은 만운사라

보름달 같은 홍안에 머리 다 빠지고
목화송이 같은 흰 수염이 머리를 다 덮은
망건 쓴 민둥 머리 눈코만 빠꼼이 보이는 어른

그리도 반갑게 맞아주신
구십을 바라보는 신선 같은 분
언제나 하얀 옷의 옥골선풍 노인을
선사라고 불러드렸다

노소가 동락이라도 듯이
맛있는 술 한 잔에
삼겹살 구워주셨는데
백이십살 사시겠다던 언약은 어디가고
텅 빈 골짜기 만드시고 떠나 가셨네
잘 심으라고 주신 황철죽 한 그루
올봄에도 웅글 몽글 피었는데
선사의 혼이 찾아와 반기는 듯

신선 같은 그 어른이 눈앞에 선하네

나 또한 하루 한해 저물면서
내 모습 그 어른 닮아 가는 것 같아
황철죽 바라보며 생각에 잠겨보네

백제문화제서예깃발전

태고의 신비를 간직하며
금강물 유유히 감돌아 흐르는 곳
천년사직의 한 고스라니 안고
후예가 조잘대며 살아가는 곳

웅진고을에 백마타고 꽃가마 탄
군왕과 문무백관 십리행렬
백제궁이 열렸다네

풍물소리 요란하고
각설이 타령이 구서진데
천년의 삶 못다 한 말
필객들 붓 끝에 녹아내려

수백깃발 사연 담아
강바람타고 휘날리고
삼천리 방방골골 필사들
구름처럼 모여앉아
펼쳐진 비단위에 붓 잡아 춤추네

어허라 백제대전
흥이 한데 어우러져 깊어만 가누나

아들노릇 단 한번

1) 태어나 평생을 돌아보니
단 한번 아버지께 효도 했더이다

내 아버지 풍채를 떠올리면
오뚝한 코 매서운 눈매
모말 같이 둥근 두상에 다섯 척 남짓한 키
누구도 쉽게 볼 수 없었던 분이신데
벌써 당신 가신지 삼십년이 되었지만
단 하루도 잊어본 적이 없는 것 같더이다

내 일생을 돌아보니
키와 얼굴모습과 성격 모두
당신 형상을 많이도 닮은 듯 하더이다

어려서 베개머리에 작은아들 귀여워
어쩔 줄 몰라 하며 좋아했던 이유는
울타리와 날개같이 든든함이라 하더이다

2) 해방 후 인공난리 통에
보급대로 끌려가면
불귀객 되는 두려움에
전전긍긍 숨죽이고 살았다 하더이다

처가가 득세하면 안심도 되련마는
내 아버지 변변하고 당당하여
안동김 문중에 걸림돌이 되어
싹이 클까 경계하며 제압당했다 하더이다

면장이 어머니 증손자벌 되는지라
믿을 만도 하련마는
유독 야밤에 경찰이 급습하여 체포하려 하였으니
당신 용맹하고 지혜로워 구사일생하였다 하더이다

큰아들 제처 놓고
중학생 어린 아들 머리맡에 재우면서
고단하던 시절 얘기 듣던 어린 가슴속에
아버지 한 풀어드리고 싶은 마음 깊었더이다

3) 좁은 산골 여섯 동네로
제법 많은 촌의 들어있는 곳
이중 안동김 대성촌에
선대에서 낙향한 전주이가 대소가 몇 집
외가가 안동김으로 득세한 속에서
강인함과 부지런함으로
어렵게 다섯 남매 키우셨다 하더이다

내 나이 이십 되어
안동김문 바라보면
분하고 두려워 하셨던 아버지 모습이
내게로 이어지며 쓴웃음만 던지게 되더이다

외갓집 재종형수 회갑이라
불청이나 대문간에서 독상으로 잔칫상을 받으니
아버지는 뜰 위에 조용히 서 계셨고
철부지 말썽꾸러기 어린것이 당당하게
손님흉내 내는 꼴이 싫지는 않으셨던가 보더이다

갑자기 잔치집이 왁자지껄 〈아무개〉면장 납신 단다!
그도 그럴 것이 그 문중에 우상이라 모두가 분주하다
내 아버지보다 예닐곱살 위라던가
중부님 연배로 쉰 대여섯 될법한데
의관을 정대하고 도포자락 휘날리며 대문간을 들어서니
학렬은 간데없고 허리가 구십도는 되더이다

내 하는 말이 "〈아무개〉이 건너오나?" 하니
면장나리 하는 말이 "에이놈!" 하는 지라
"이놈 이라니! 외갓집 촌수는 촌수가 아닌가?"
하고 응시하니
일본유도 삼단에 풍채가 우람한데
뒤돌아 논두렁길 뒤뚱거리며 줄행랑을 치더이다

4) 안동김문 혼비백산하고 잔치집은 썰렁한데
내 아버지 내려오셔 조용히 하는 말씀
어른한테 그러면 어떻게! 하시던 말씀
눈매에 후련함이 얼굴에 흡족함이
내 눈에 들더이다
지금껏 살아오며 백사가 불효인데
단 한번 효도했다 싶더이다

울산아줌마

무심한 태화강물 담담히 흐르는데
허심한 십리대숲 물속에 대 그림자 드리웠네

부지런한 노동자들 함성
우렁찬 기계소리 한데 어우러져
큰배 만들어져 제 나라 찾아왔다고
자동차 물결 되어 군함에 실려 가니
조상님들 선견이 과연 이라네

태화강 젖줄로 기름진 터전위에
평화롭고 부유하고 부지런히 살아가는
울산은 정말 아름다워
이 모습 닮아 선가 예인도 다채로워
쓰는 사람 깎는 사람 그리는 사람
한데 어우러진 큰 잔치 열려 장원 뽑는 다네
선비도 아줌마도 규수들도 반천은 된다하네

이리보고 저리보고 다시보고
눈 스물이 한데모여 나랏말을
나랏글로 쓴 아줌마가 뽑혔다네
상냥하고 복스런 노랫소리 구성진
울산 큰애기 이름 하여
울산아줌마라 했던가?

과장 팬 놈 승진 되네

시골군청 서기만 되어도 으쓱거렸던 시절
절반이 임시직에 군대 대용 기한부공무원들
승진인사 있다하여 아전인 수격 자평이라
새마을 밤낮없이 동분서주
쌓은 업무실적 태산같이 믿는 맘에
이번승진 된 것이나 다름없이 집에도 장담하고 대견스럽다

발표 앞둔 대상자들 조마조마한 마음 들떴지
웅성웅성 서운해서 어떡해하는 소릴 듣고
희비가 엇갈리는데 분하기가 그지없다

하필이면 상대자가 공보영화 들고 가서 빈둥거리다가
낮에는 할 일없어 음담패설 유모어나 늘어놓고
희희대는 팔구세 많은 형벌되는지라
앞뒤도 볼 것 없이 내무과장 공관에 찾아들어
다짜고짜 불러내어 사정없이 치고받아
경찰에 신고 되어 형사들 달려 나와 잡고 보니
안면보아 군청으로 넘겨주니 뜨거운 감자하나
받아든 듯 난감한 기색들이 역역하다

선친이 소식 듣고 군수님 방문하여 상담했다기에
무슨 기별 있나? 하였더니 아무런 반응 없다

철부지 소견이라 근신은 고사하고
새마을 업무실적 한보따리 챙겨들고
군수실 찾아 자초지종 설명하니
영감님 하는 말이 그런 아버지한테서
어떻게 너 같은 놈이 생겨났냐?
고만두고 역전 가서 쌈질이나 하라한다

할 말 없어 맥이 풀려 인사부서 찾아가서
자진해서 사직하겠다고 잔무만 챙기는데
만나는 선배마다 이름이 과장 팬 놈 이란다

뭐라 해고 들리지 않고
고만 둔 후 어떻게 살 것인가?
머리 아프다

보는 눈이 경계심이 역력하다 홀로 앉아 외로운데
인사담당 덜덜거리며 하는 말이
과장 팬 놈 군수실로 사령 받으러 가라하니
기가 막혀 고만두면 될 것이지
파면사령 받으라니 얼굴 붉힌다.

손목잡고 끌려가니 군수님 훌륭한 부친보고
징계는 고사하고 승진시켜줘야겠다 하셨단다.
다른 사람 피해 없이 속 썩이는 일 없앨 라면
파직시켜 취직 못하게 해 달라 하셨단다.

돌이켜 생각하면 아버지 반만큼만 따랐어도

보람 된 일 기억하며 황혼에 물들 텐데
아픈 일만 새록새록 머리를 뒤흔드니
인생살이 한평생이 꿈만도 못 한 것을
늦게라도 말없이 살다 가야지

그날을 생각하며 모이면 하는 말이
과장패고 승진하는 놈은 저놈밖에 없다는 식, 수군수군
따돌림 받으면서 밖에서나 안에서나
선배들은 과장 팬 놈 호친 되니 야속하기 그지없어
고향을 뒤로하고 한밭으로 옮겨와서
삼십여성상을 또다시 허송하고 마음 둘 데 없어
백발에 흰수염 날리면서
산그늘에 몸을 가리고 풀 베고 잡초 뽑네.

김 문 경

풍부한 문장의 수필가 여류시인

오시벅(五十億)/ 상대방이 어떤 말을 해야 좋아하는지 뚫어보는 신통력(?)까지 있는 후배 놈을, 나는 왠지 썩 좋아 보이지 않아, 대면대면하는 사이로 지내고 있었다. 그러던 중, 놈이 돈 벼락을 맞았단다.

김문경 교수가 이틀 만에 3편의 수필을 보내왔다.

눈만 뜨면 '대학 강의' 때문에 일찍 출근하고, 저녁이면 남편 사업 돕느라 밤늦도록 일해야 하는 가정주부께서. 그것도 새벽잠 설쳐가며 썼다는 것이다. 이것은 누가 보아도 놀랠 만한 일이다. 워낙 사철하고 글 쓰는데 익숙한 김 교수지만, 이번 기회에 한 번 더, 한풀이 라도 해보겠다는 듯이. 그이 타고난 에너지 보따리를 한껏 풀어놨는데, 문장의 달인 아니면 도저히 불가능한 일을 이번에 또 해낸 것이다.

돈! 돈이란 정말 무엇인가? 돈은 우리 생활수단에 필요한 하나의 쪽지에 불과하지만, 김교수는 자신의 경험과 풍부한 문장력으로, 돈에 대한, 돈으로 하여금, 절대적인 돈의 위력과 모순된 사회도덕을 코믹한 유머로 한 점 부끄럼 없이 술술 실타래처럼 풀어낸 것이었다.

김교수, 자신만이 가지고 있는 재능과 풍부한 어휘력을 동원시켜가며 맛깔스런 충청도 사투리와 양념까지 얼버무려 놓아, 정말 입맛까지 쩝쩝 댕기게 하는, 그런 문장이다. 우리 모두 김 교소의 시와 수필에 반했던 것 또한, 격의 없는 성격과 화통한 인간성에서 나왔기 때문이라 하겠다. 하여, 김교수는 정말 이시대가 요구하는 기발한 수필가이자 시인으로써 문학계(文學界)의 새 봉우리로 뜨고 있는 것이다.

병철 崔良熙 (시인. 소설가. 문학평론가)

- 한울문학 〈풍금소리〉로 수필등단.
- 한국영상 아카데미시나리오작가 등단.
- 월간 문예사조 시 부분 등단.
- 한울문학 신인 문학상 수상.
- (사)한내문학 문학상 수상.
- 월간 문예사조 문학상 수상.
- 한국문인협회회원.
- 사단법인 한내문학 이사. 부회장.
- 수필〈아버지〉〈윤달이 오면〉〈옛날의 금잔디〉
- 동인지 〈하늘빛 풍경〉〈11인의 동인 시집 성주산울림〉을 발표

오시벅

삼년 전.

전남 어느 작은 대학 강사로 출강하던 후배 한 놈이 합류하게 되었다.

빨간 마티즈를 끌고 통근하는 후배는 학교에서 검소한 바른 사나이로 통했다.

소형차를 타고 다녔다 해서, 바른 사나이 캐릭터가 된 것은 아니고, 일상생활 행동 하나 하나 움직임이 매사 차분하면서 한 푼의 돈 역시 헛되게 쓰지도 않는, 그러면서 선후배 가려 깍듯한 대우를 할 줄 아는 사람으로 동료 교수들은 그의 칭찬을 아끼지 않았다.

하지만 내가 느끼는 생각은 달랐다. 어딘가 얄팍함이 내포 되어있는 것 같기도 하고 간기가 고루 가미되어있는 것 같기도 하고 여튼, 입 서비스 하면 조선에서 놈 따라갈 사람 아무도 없다.

상대방이 어떤 말을 해야 좋아하는지 뚫어보는 신통력(?)까지 있는 후배 놈을 나는 왠지 썩 좋아 보이지 않아 대면 대면하는 사이로 지내고 있었다.

그러던 중, 놈이 돈 벼락을 맞았단다.

소문에 의하면 마누라가 친정집 재산을 몽땅 상속을 받았다는데 억 억 거리는 액수란다. 마누라가 무남 독려 외동딸이었는데 친정 부모가 갑자기 교통사고로 두 분 나란히 돌아가셔서 고스란히 상속을 받게 되었나보다.

돈의 위력은 대단 했다.

어느 날, 놈이 에쿠스를 몰고 나타났다.

이 연구실 저 연구실 기웃거리며 곁꾼 노릇만 하던 놈이 돈 벼락 맞더니 완전히 백팔십도 달라졌다.
잔뜩 힘이 들어간 어깨가 확연할 정도로 놈은 시건 방 떨어대며 학교를 활보하고 다녔다.

구십도 꺾듯, 인사는 놈의 기본 옵션 매너였는데 오늘은 내 어깨를 툭 치며 안녕을 묻는다.

어쨌든 예전보단 당당한 게, 보긴 좋았지만 그 당당함이 돈 벼락이라 생각될 땐 씁쓸한 뒷맛을 남겨놓았다.

장난하다 애 배고, 씰룩거리다 미친다고, 놈이 기어이 동료 교수와 멱살잡이를 했단다.

내가 엘리베이터 타고 강의실에 올라가며 말했다

"그 개새끼 반 아작 내지 그랬냐?"

내가 거금(?)을 처음 만져본 것이 국민학교 삼학년인지 사학년인지 그랬다.

저수지 낚시터에 갔다가 까만 가죽 지갑을 하나 주웠다. 반으로 접혀있는 지갑을 열어보고 갑자기 아득한 현기증과 함께 얼굴이 화끈 심장이 벌렁거렸다.

오백 원짜리 천 원짜리 빳빳한 종이돈이 지갑에 가득 들어 있었다.

학교에서 배운 대로라면 분명 파출소에 신고를 해야겠고, 힘들게 노 저어 저수지 한 가운데에 다가가 지랭이 한 대야 잡아다 팔아도 이렇게 큰 거금은 못 만져 볼 것 같은 마음이면 꿀꺽 해야겠고, 어린 마음 속 복잡 미묘하게 돌아갔지만 그 지갑을 뒤란 처마 밑 땅에 묻기까진 그리 오랜 시간이 걸리지 않았다

제일 먼저 그 돈의 일부를 꺼내 산 것은 실핀 이었다.

도꾸리 앞섶에 옷핀 줄줄이 까만 실 핀을 꽂아 주렁주렁 달고 동네를 활보했다. 그때 아이들에겐 실 핀 치기가 대 유행이었다.

남자아이들은 다마치기를 했었고 계집아이들은 동그란 원을 그리고 멀찍이 서서 그 동그란 원에 실 핀을 던지는 게임이다.

계집아이라면 누구나 하얀 왕 옷핀에 실 핀 줄줄이 꿰어 앞섶 늘어지게 달고 다니는 게 꿈이었고 그들의 희망이었다.

다음으로 옆집 용셈이 꼬셔 해동반점 에서 짜장면 사 먹는 일이었다.

그것은 대단히 두렵게 느껴지는 모험이었는데 과감히 문을 열고 골방으로 들어가 상을 마주보고 앉아 용셈이와 난 단숨에 짜장면을 두 그릇씩이나 비웠다.

나와 용셈인 토인처럼 입가에 짜장면 일부러 그득 묻혀 배가 뽈록 헥헥 거리며 자랑스럽게 동네를 싸돌아다녔다. 돈이 있으니 제일 호강하는 게 입이었다.

그것은 참으로 신나는 일이었다.

동네 아이들 죄 몰고 폭포산 올라 울 엄마 전대 주머니를 차고 그 속에 쫀드기며 산도 눈깔사탕 볼록하게 넣어 제일 큰 바위 위에 왕처럼 다리 틀고 앉아 노래 한 곡조 부르는 아이에게 상품으로 쫀득이 를 내어 놓았고, 춤을 추는 아이에겐 크라운 산도를 내어주었다.

돈의 위력 앞에 아이들은 내게 무릎을 꿇었고 돈으로 인해 생기는 재미는 의외로 크고 놀라웠다.

물처럼 써 대던 돈 놀인 얼마 못가 꼬리를 잡혔다.

과수집 막내 가 오백 원짜리 돈을 들고 다니며 쓴다는 동네 아저씨 제보(?)가 내 엄마에게 들어갔다.

내 엄마도 가끔은 무식하다.

다짜고짜 막내딸 머리끄덩이 틀어쥐고 개 끌듯 질질 끌고 파출소 문을 열고 내다 꽂았다.

"야가 도둑질 헌 모냥 인디, 가막사리 시켜두 내 암말 안 헐 탱께 수갑 채워서 가두소."

"엄마........"

"내가 워찌 네 엄만겨? 네 엄만 광천 쪽다리 밑이 있능게비다. 그렁께 도둑질이나 허구 댕기지 앙그려?"

나는 죄인이 되어 끌려왔고 용셈인 공범이 되어 끌려왔지만 용셈인 한사코 얻어먹은 것 밖에 없다고 증인(?)으로 발뺌을 하고 있었다.

나는 순순히 불었다. 한 움큼 빠져나간 머리 밑이 아파서가 아니라 좀 전 엄마의 한 마디 말이 실제로 일어날 것 만 같았기 때문이었다.

바른대로 말 안하면 입을 귀 밑 까지 찢어놓는단다. 엄마가, 급기야 나를 감옥소에서 죽게 만든단다. 내가 무슨 유관순 언니도 아니고 감옥에서 죽게 만들다니.

정말로 엄마는 내 입을 찢어놓고 손모가지를 꺾어놓고야 말 것 같은 얼굴로 돈의 출처를 물어왔다. 팔 출소 순경을 데리고 뒤란 처마 밑이 파헤쳐지고 그날로 내 왕 노릇은 끝이 났다.

지난 며칠간의 풍요로움이 꿈만 같았고 그것을 잊기까진 많은 부작용(?)이 뒤 따랐다.

나는 다시 가난해졌다.

내 뒤를 그렇게 쫓아다니던 아이들은 하나 둘 떨어져 나가고 내 앞에서 김추자 흉내를 간드러지게 내었던 말 강구 집 딸년만이 혹시나 하는 눈빛으로 날 쳐다보았지만 어쩌랴. 빈 털털인 것을…….

내게 남은 건 그때의 풍요로움을 증명이나 하듯 플라스틱 말만이 따그닥, 따그닥, 앉은뱅이 나무 책상 위에서 놀고 있었다.

두 번째.

전자의 거금과는 비교도 안 될 만큼의 거액을 만져 본 것이 중학교 삼학년 무렵, 학교에서 수학여행 간다고 수학 여행비 가지고 오란다.

엄마 왈,

“담 장날 송아지 팔아서 히 줄 팅께 지둘려…….”

“엄마~ 또 ?챙피혀 죽겄땅께? 맨 날 나만 느께 가지고 오자녀…….”

“이 오살을 놈의 지지배야! 네미 팔아먹어라.”

나는 이 세상에서 제일 듣기 싫은 말이 있다.

“네미 팔아먹어라~. 또는 녈 예산 장가서 장금좀 알어보거라. 느 어메 팔믄 얼마나 줄라능가.”

참말로 어떻게 자기 엄마를 팔아먹는단 말인가.

나는 결심했다. 어차피 돌아오는 장날 파나 내일 파나 똑 같으니 내가 팔기로.

새벽 세시 반, 교복 갈아입고, 외양간에 가서 송아지 고삐 풀어 하얀 안개 깔린 저수지 모퉁이를 걸어간다.

다섯 시면 홍성 우시장까지 도착해야 한다.

이만큼 걸어왔으면 분명 용삼이 아버지 우시장 갈려고 트럭 몰고 지나갈 텐데, 쪼그리고 앉아 있으니 용삼이 아버지 파란 트럭이 보인다.

“갱이 네가 웬일이여?”

“울 엄마 가유. 동태 많이 떠놔서 장시 가야 헌다고 내 보고 아저씨랑 갔다 오래유!”

한 치의 의심도 없다. 월래 울집 딸들이 빡시다는 소문이 동네에 파다해서 그랬으리라.

홍성 우시장에 도착해서 소 장사 아저씨에게 용삼이 아버지 훈수에 흥정붙여 팔아 예산 읍내로 오니 아침 등교 시간이 다 되었다.

내가 시방 학교가 문제여?

학교 정문 앞에서 고등학생인 울 언니 둘 꽤서 읍내로 나갔다. 진작부터 고 아삼삼한 나이키 운동화 하나신고 싶었던 차에 망서림 없이 신발 가게에서 빨갛고 옆에 나이키 상표가 날렵하게 붙은 운동화 한 켤래, 사고, 예산 고등학교 옆에 있는 운동복 집에 들려 체육복 하나 맞추며 인심 크게 써 울 언니들도 하나씩 맞춰줬다.

완전 정복 자습서 교과 마다 사고, 언니들 학교에 밀린 이런 저런 돈 내주고, 마지막으로 수학 여행비를 냈다. 내 평생에 그렇게 기분 좋은 날은 없었다.

돈! 돈이란 게 그렇게 좋은 거였다.

집에 돌아와 나와 내 엄마와 일어난 일은 생각하기도 싫다. 끔찍해 서리.

나는 다른 아이들과 다르게 돈에 관한 조숙했었던 것 같다.

집 안 환경이 일찌감치 습이 되어있어서 그랬는지 일남 칠녀 중에 막내로 태어났기에 언니들의 소행(?)을 고스란히 보고자란 영향도 무시 못했을 것이다.

우리 집 아침은 다른 집과 다르게 생존경쟁(?)이 치열했다.

눈치 빠르고 잽싼 사람만이 그날 학교 가지 고갈 돈을 타지만, 한타 임 놓치기라도 하는 날이면 그날은 신작로길 먼지 뒤집어쓰며 걸어서 학교에 가야한다.

그래서 우리 집 딸들이 터득한 것이 바로 "자업자득" 이다.

가을에 밭농사 지어 광에 주렁주렁 메달아 놓은 마늘은 어떤 딸이 장에 내다팔았는지도 모르게 없어지고, 내 엄만 늘 수사(?) 진행상 약간 통이 큰 셋째 언니를 족치지만 범인은 한 번도 잡지를 못했다.

우리 집 딸들의 학교 순번은 일정치가 않다. 중학교 이학년이

두 명일 때도 있고, 고등학교 나란히 같이 들어간 사람들도 있고, 아래 동생이 먼저 대학에 들어가기도 했다.

그해, 그해, 농사의 풍, 흉에 따라 학교를 집어넣기 때문에 그렇다.

내가 아침 등교 준비에 빼놓지 않는 일이 있다.

가방에 사과 한 가득 넣어 학교에 가서 판다.

어느 땐 선생님도 사먹는다. 공짜는 없다.

가끔 까치가 찍어먹은 파과 두어 개 친한 친구에게 인심 쓰는 정도 이므로 나에게 공짜는 애전역 바라지들 않는다.

토요일 학교 마치고 돌아오면 두엄에서 지렁이 잡아다가 저수지에서 세월 낚는 낚시꾼들에게 팔았다. 이 수입이 제일 짭짤했다.

언니들은 질색 팔 색을 하며 그 짓(?)은 못하게 하였지만 우짜랴, 그 장사가 제일 남는 장산디.

제 각각 잔머리 굴리는 사람은 잔머리로, 힘으로 할 수 있는 사람 힘으로, 도둑질(?)도 서슴지 않는 언니도 있었다.

내 엄만 내가 초등학교 들어가면서 과수원 수입으론 팔남매 공부 뒷바라지가 버거우셨는지 생선 행상을 다니셨다.

그래서 저녁이면 허리에 찬 전대를 풀어 감춰두시는데 그 전대를 용케 잘 찾아내는 언니가 있었다.

넷째 언니, 내 엄마, 나날이 숨기는 장소가 바뀌어도 그 언닌 찾는다.

담날 뒤지게 맞더라도, 장꽝 보리쌀 단지 속에서, 고리 고짝 깊숙한 곳에서.

낭중엔 하다하다 천장 뚫고 숨겨놓은 돈 도 찾아내어 우리들의 부러움(?)을 한 몸에 받기도 한 울 넷째 언니.

돈…….

요즘 남편과 나는 돈 앞에 무릎을 꿇었다.

정확히 작년 팔월 스므이튿날, 남편이 하던 사업이 삐끗하면서 곤두박질, 종단엔 바닥을 치고 말았다.

오십 평 대궐같이 지어놓은 집에서 두 딸년들과 단꿈을 꾸다 빗 청산 하루아침 셋방으로 전락하며 일장춘몽 알거지 신세가 되었다.

대통령이 정치를 잘 못하면 국민들이 고달프다고 가장의 실수(?)가 식솔들에겐 뼛속 깊은 상처를 안겨주었다.

이십삼 년, 망망대해 바다 위에서만 생활하던 남편이 뭍 에 내려 치열한 생존경쟁 속에 뛰어들어 할 수 있는 것이 아무것도 없었던 모양이다. 아직 세속의 때 가 묻지 않은 남편은 그야말로 순진하면서 남을 잘 믿는 성격이고, 내가 진실하면 상대방도 진실할 것이라는 절대적 믿음을 고수하고 있는 남자다.

그 믿음에 뒤통수 서너 방 얻어맞은 남편은 케이 오패를 당했다. 남편의 팔랑 귀 역시 한 몫 했으리라.

벼랑 끝에 서서 남편이 내게 말했다. 참치 장사를 하고 싶다며 학교 당분간 휴강을 하고 자기를 도와달란다.

경제적마니 벼랑 끝에 있었던 것이 아니라, 우리 부부 사이 역시 벼랑 끝 이었던 때라 참으로 남편이 원망스러웠다.

세월이라면 그리 이름 붙일 만도 한 시간이 흘렀으니.

여전히 우린 싸우고 지지고 볶고 하지만 적당한 선에서 끝을 냈었다.

돈이 끼어(?)들기 시작하면서 끝 까지 가고야 말 것 같은 적군과 아군이 되어 서로의 가슴팍에 총을 겨누게 되더란 이야기다.

그러나 그런 치열함이 식어가면서 함께 식어 가는 것도 있나니.

처음 남편과 데이트 하던 날 차를 타고 해안 도로를 달리는데 안개가 자욱했다.

그 때, 알아봐야 하는 건데. 결혼은 정말이지 오리무중에 안개

등 없이 운전하는 거와 똑 같다는 사실을.

호강 까지는 바라지 않아도 내 하고 싶은 거, 하고나 살게 해 주었으면 했었다.

모든 것을 접고 생존에만 매달려 달라는 남편의 마음도 십분 이해가 되지만 실력 없는 교수지만, 그래도 명색이 대학교수인데 주방에 들어가 설거지를 해야만 한다는 것이 자존심도 자존심이지만 친정 엄마의 얼굴이 아른거려 죽기보다 싫었다.

이런 저런 체납 고지서는 쌓여만 가고 딸년 핸드폰이 정지가 되고 학교 급식비 재촉 전화가 들어오며 나는 체면과 자존심을 가슴속 깊숙이 묻고 주방으로 들어갔다.

열 평 남짓 허름한 참치 집.

남편의 아는 분이 하던 가게를 한 푼의 돈도 없이 들어가 시작할러니 참으로 암담했다.

그래도 그 분이 나중 돈 벌면 가게 세를 달라하셨다는 남편의 말이 그나마 위안을 삼았는데, 또 그느므 팔랑 귀가 문제였다.

이십삼 년 참치 잡이 선장 경력(?)으로 그때 인연이 되신 남편의 지인 분들이 질 좋은 고기를 보내주셔서 생각보다 장사가 될 것 같은 조짐이 보이는데 개업하고 사흘 만에 가게 보증금을 달라는 소리에 다시금 벼랑 끝 난간에 서고 말았다.

남편에게 원망의 저주(?)를 쏟아 부으면서 비싼 이자 돈을 얻어 보증금을 주고 나니 다시 사흘 만에 권리금 오백을 당장 내어 놓으란다.

급기야 가게 문을 잠그고 권리금을 줘야만 이 열어준다는 소리에 정말이지 이 세상엔 믿을 놈은 한 사람도 없다는 거를 뼈저리게 느끼는 순간이다.

권리금이라니. 그 콧꾸멍만한 가게에 무슨 권리금이 붙어 있을 거며, 설사 있다 해도 본인 입으로 도와줄 테니 열심히 해 보라고 온 동네 생색은 다 내어놓고 이 제와서 권리금 때문에 가게 문을 잠갔다는 거에 우리 부부는 또 한 번의 위기를 맞게 되었다.

돈은 그런 거였다.

사람을 하루아침 벼랑 끝에 밀어놓기도 하고, 신뢰를 묵살해 놓기도 하고, 부부의 인연을 끊어놓기도 하고, 희망도 주고 불행도 주고, 돈의 위력 앞에 나는 공항 상태에 빠져 비굴함을 담아 무릎을 꿇었다.

어서 오세요. 그 소리를 못해 손님만 들어오면 누구 아는 사람 아닌가 싶어 주방 한 귀퉁이 쪼그리고 앉아 눈물 흘리던 내가 본격적으로 주방을 차고 들게 만든 것이 "돈"이었다.

어린 시절 나는 엄마에게 약속을 했었다.

오십억이라는 돈이 얼마큼 있어야 하는지도 모르고 그저 막연히 오십억을 벌어 엄마에게 주겠노라는 말을 입에 달고 살았었다.

오시벅!

그래, 오시벅이 얼마나 벌어야 모아지는지는 몰라도 그 오시벅의 첫 걸음을 이곳 동경 참치에서 시작하는 거다.

꼭 필요한 돈은 과감히, 아낄 땐 철저하게, 돈을 쓰고도 좋은 소리 못 듣는 바보들이 우리 주변에선 꼭 있다.

어차피 내 지갑에서 나오는 거 그들 눈치 못 채게 속으로만 아까워하고 겉으론 과감성도 보여주어야 한다.

지금의 내 주머니를 털어보았자 먼지만이 폴폴 날리지만 내 목표인 오시벅의 신화는 계속 쭉 내가 살아있는 한 변하지 않을 것이다.

훗날 거액의 돈이 내게 주어진다면 세상에서 제일 멋지고 폼나게 쓰고 싶은 게 내 소망이자 꿈이다.

아주 멋지고 뽀대 나게.

= 끝 =

사랑과 정열을 그대에게

책상 위에 어지럽게 널려있는 시디들을 챙기다.

그 시절 다시 듣고 싶은 노래라고 선명하게 찍혀있는 시디 하나를 들고 씁쓸하게 웃어본다.

애당초 잘못 태어난(?) 시디 쪼가리가 개과천선하여 책상 위에 올라앉아 지 스스로 치유(?)했다면 몰라도 너의 집은 책상 위가 아니고 쓰레기통 이니라.

삼 년 전. 컴퓨터 문학 사이트에 가입했던 카페에 간간히 잡다리한 글을 올렸었는데, 그 글 밑에 꼭 꼬랑지 한 자락 잡아당기는 이가 있었다.

"킬리만자로"

조용필의 킬리만자로의 노래에서 따온 닉네임 인지, 아니면 외로운 척 폼 잡는 닉네임 인진 몰라도 그는 그렇게 내 글 주변에서 늘 맴돌았다. 긴 글이든 짧은 글이든 댓글 주인공은 킬리만자로다. 너무 열성으로 꼬리를 잡아당겨

"님 의 댓 글 감사드립니다. 건강하세요."

단 한 줄의 감사 메일을 보냈더니 답장은 오 분 읽어도 모자를 만한 분량의 메일 답장이 들어와 숨차했는데 문제는 킬리만의 문장 실력이다.

구구절절 표현이 문학평론가도 그리 표현했겠으며 내로라하는 글쟁인들 그런 문장력은 갖추지 못했으리라.

그 메일을 시작으로 근 이년 동안 하루를 안 빠지고 메일이 날라든다.

어느 땐 일곱 통까지 나라든 적이 있다.

전화번호 적어온 메일에 두세 달은 망설였나보다. 통화하기까진…….

나는 남편에게 사소한 사생활부터 속 창 까지 시시콜콜 다 털어놓아 비밀을 담고 있지 못 하는 성격인데 요 킬리만자로의 이야기는 하지 않았다.

은밀한 밀어(?)의 대화 바닥을 보일 무렵.

"여보세요…….저, 오필리아……."

하긴. 개 폼 잡는 킬리만자로라는 닉네임이나 오필리아나…….

"아. 안녕하세요?"

…….

…….

"어머나, 윽……."

바리톤의 저 멋있는 목소리.

절대 평범한 나도 아니다.

약간 비음을 섞고, 최대한 가늘고 여린 목소리를 내야한다.

오필리아의 명예를 안고.

"반가워요……. 어떤 분이신지 궁금했어요."

"오필리아님은 사람의 기준을 볼 때 무엇으로 평가하나요.

님 도 외모를 중요시 하나요?"

"저는요, 외모는 그리 중요하다, 생각하지 않아요."

그 사람의 인간성과 성실함 내지는…….

이틀 후, 킬 리만과의 메일 우정(?)을 돈 득하기 위한 자리를 약속했다.

다행히 오전 강의가 잡혀있어 집에 오는 막차 시간까지 시간 충분하고 신랑이야 보충 강의가 늦은 시간까지 있어 저녁 먹고 막차 타고 간다하면 되는 것이니 이보다 더 완전 범죄는 없을 터, 나는 약간의 액션만 취하면 되는 것이다.

사십이 넘은 나이에도 불구하고 살아 숨 쉬는 감성. 군더더기 없는 말솜씨와 깍듯한 매너.

거기다 성우 기질 다분한 죽이는 목소리까지…….

분명, 그는 중후한 멋이 다분히 풍기는 젠틀맨이리라.

목간통에서 금방 쏙 빠져나온 거처럼 깔끔하지 않아도 좋다.

제비 양복 넥타이 단정히 메지 않아도 좋다.

스포티한 티 랜드로버 단화에 청바지 입고 나온들 어떠하리.

그는 이미 내 머릿속에 그려놓은 젠틀맨인 것을…….

강남역 삼번 출구 골목에서 약속 시간 보다 오, 분정도 늦게 도착했는데도 그는 보이지 않는다.

북적대는 강남골 에 서 있으니 꼭 영화 접속 주인공이 된듯하여 영화 속의 장면을 그리며 그 속에 나왔던 멜로디를 흥얼거리면서 긴장한 마음을 달래볼 무렵, 볼 무렵…….

"미휜" (브랜드 특성상 가 상표) 이라고 커다랗게 쓴 트럭 하나가 골목길을 비지며 미끄러지듯 들어온다. 편의점 앞에 주차된 미휜차를 쳐다보며 설마 저기에서 내리지는 않겠지. 후훗 아무리 둘래둘래 쳐다보아도 중후한 냄새 풍기는 남정네는 보이지 않고, 이십대 조무래기들만 왔다 갔다. 승질 급한 놈이 우물 판다고 전화를 건다.

그런데, 왜 동시에 미휜차에서 내리는 아저씨 핸드폰이 울리는 거야 재수 없게.

저, 오필리 안데요.

하 악~

핸드폰이 땅에 떨어지고 말았다.

"아 네. 지금 방금 도착했습니다."

그 미휜차의 아저씨. 키는 백 육십 될까 말까. 뚱뚱한 체격(굴러온다고 해야 할는지.) 머리 한번 훤~~하다.

군청색 잠바 가슴에 하얀 바탕의 빨강글씨. “미훤” 선명한 빛깔로 내 눈에 꽂힌다.

이건 아냐! 이건 아니 랑께! 꿈이여…….낸 꿈을 꾸고 있는 겨…….

마흔아홉 먹은 사람 얼굴이 초년고생을 하였는지 족히 육십은 먹어 보이고 악수로 잡은 손이 내 손안으로 쏙 들어온다.

결코 내 손이 큰 것도 아니다.

머릿속이 갑자기 어지럽고 오만가지 생각에 마음속 주문을 외운다.

그래. 내가 이 사람과 연애할 사이도 아니고, 그냥 내 글을 좋아 하는 사람이니, 예의상 커피 한 잔 대접하는 거야. 눈 감고, 귀 막고, 입만 열어 놓는 거야 .

“차 가지고 오셨으니 술은 안 되고, 커피라도…….”

한두 잔은 괜찮다고 남자는 생맥주를 시킨다.

기분이야 폭탄주 댓 사발 마시고 십은 심정이나 커피를 시키고 침묵이 흐른다.

그동안 주고받은 근사한 사연들을 보아서라도 예쁜 구석 한군데라도 찾아 대화를 해야 하는데, 호프집에 마주앉아 아무리 뜯어보아도 예쁜 구석이 정말이지 항군데도 없다.

시선을 어디다 두어야 하는지 조차도 난감할 노릇이다. 성우 빰치는 음성이 어찌 닥공예 인형 속의 주인공처럼 점하나 콕 찍어 논듯 입이 작을꼬.

요즘 우리나라 가발 기술이 얼마나 좋은데. 가발 쓸 형편이 안 되면

빵떡모자라도 하나 덮어쓰고 나오던가.

맥주를 쭉 시원하게 마시면 그거라도 봐 주겠는데 어쩜 저리도 홀짝거릴까. 홀짝거리며 주절대는 음성하고 전혀 안 맞아 떨어지

는 인간은 살다 살다 처음 봐.

혼자 별별 생각을 다 하고 앉아 있는데 남자는 유식 찬란한 이야기를 늘어놓고만 있다. 남자와 나는 동상이몽을 하고 있던 게다.

그때였다.

"편의점 앞에 "미휜" 차 세워놓으신 분계시면 차 좀 빼주세요."

호프집 아르바이트 학생의 외침이 왜 그리 반갑고 기쁨 충만이었던지.

"오늘 즐거웠어요. 막차 시간이 얼마 안 남아서."

그가 내게 그 문제의 시디 한 장을 선물했다.

글 쓰면서 피곤하고 힘 들 때 피로 회복 차원으로 들으란다.

흔히들 말하길 외적인 모습보다 내면의 숨겨진 진실을 보라고.

솔직한 애기로 그런 틀에 박힌 도덕책 내용은 도 닦은 사람들이나 실천 하는 것이지, 나 같은 속물들은 어쩔 수 없다.

우선은 첫 눈에 무언가 찌르르 해야 내면도 보이는 거지, 내가 무신 투시경 달은 사람도 아니고 그 사람 마음속 들어있는 진실을 알겠으며, 사람이 제아무리 잘난 박사라 해도 내 눈에 보이는 대로 백수면 그 사람은 백수가 되는 것이다.

지 눈에 안경이란 말도 있듯, 내가 쓴 안경은 킬리만자로와 도수가 맞지 않았던 게다.

"여보~ 오늘 보충 강의가 있어 저녁 먹고 막차 타고 내려갈 테니 시간 맞춰 터미널로 마중 나오셔?"

그러고 나왔는데 초저녁 탈탈 버스 타고 내려가면 공백의 시간을 꾸며대기도 그렇고, 그렇다고, 신랑한테, 다 말하기도 멋쩍은 일이라, 터미널 근처에 살고 있는 언니 집에 들렀다.

대충 킬리만과의 이야기를 알고 있는 언니는 시큰둥한 내 표정을 읽었는지 다짜고짜 물어온다.

"폭탄?"

"아니, 핵 원자폭탄."

허탈한 맘에 그래도 성의로 마련했을 시디 무언가 싶어 조카에게 건네주었다.

"찔레 찔레 찔레꽃….찔레 찔레 찔레꽃 ~ 찔레 찔레 찔 찔 찔 ~~"

도대체가 찔레꽃이 우쨌다는겨 시방…….

리모컨 작동 이번, "남쪽나라 바다 멀리 물새, 물새, 물새 ~~"

내가 미친다.

동시에 온 집안사람들의 폭소가 터진다. 조카의 한 마디 말이 킬리만자로 남은 머리 뽑아놓고 싶은 충동을 느낀다.

이모. 이거 길 구루마에서 삼천 원주고 산건가 봐. 쇼팽이든 슈베르트든 고상한(?) 음악들이 튄다면 조카들 앞에서 자존심이나 덜 상할 것인데 찔레꽃이 뭐냔 말이야.

다음날, 어제의 악몽(?)에서 벗어나 평온한 아침 식사를 하고 커피 한 잔 들고 서재로 들어가 여유로운 마음으로 컴퓨터 앞에 앉아 이 메일을 열어 한 눈에 들어온 킬리만자로에게서 온 메일 제목을 열어보고 나는, 기절초풍 까무러치고 말았다.

사랑과 정열을 그대에게…….

= 끝 =

그곳에 가고 싶다

사람이 날마다 같은 생각만 하면서 살아가지는 않는다고 본다.

오늘처럼 비라도 추적추적 내리는 날에는, 분위기 있는 찻집에서 차 한 잔 마시고 싶은 때가 있다면, 방구석에서 건방지게 모로 누워 비디오 때리며 부침개를 원할 때도 있고 바에 다리 힘겹게 꼬고 앉아 칵테일 마시면서 센티멘털한 얘기를 하고 싶을 때도 있는 거고 인사동 고갈비 집이라는 곳에 가서, 찌그러진 양재기에 담겨져 나오는 막걸리에 고갈비 먹으면서 창문을 타고 흐르는 빗줄기를 바라보고 싶은 때도 있는 것이다.

인사동 피맛골에 있는 작은 그 집은 오랜 역사를 지닌 곳이다. 매직으로 아무렇게나 와사등 이라고 집 간판이 쓰여 있지만 그냥 고갈비 집으로 유명한 곳이다.

문을 열고 들어서면 옆 가게를 넓히고 뚫어 방이 세 개가 되는데, 천정이 낮고 솔직히 좀 지저분하다고 느낄 정도이다.

벽면에 온통 손님들이 쓰고 간 낙서로 빽빽하고 앉자마자 시키지도 않았는데 주전자나, 양재기며 전기밥솥 밥통 등에 대접이나, 쪽박 하나 떨거진채 담겨 나오는 막걸리…….

그 집은 고갈비가 유명하다.

고갈비는 갈비가 아니다. 고등어구이에 소금이 나온다.
멋모르고 갈비 인줄 알고 갔다가는 실망을 금치 못하겠지만, 묘한 매력이 있는 곳이다.

그래서 그곳은 항상 사람들로 붐비고 주말엔 줄을 서야 할 정도이다.

그 옛날, 대학 시절 연애질 할 때 그곳을 뻔질나게 드나들었었다.

놈은, 거제도 바닷가 출신이라 비릿한 것을 좋아했고, 나는 생선 장사 딸이라 그 맛에 익숙하여 놈과 나는 음식 궁합 하나는 딱 부러지게 맞아떨어졌다.

놈은 밀밭에도 못 가는 주재라 늘 안주만 축냈고, 나는, 벌컥벌컥 막걸리를 들이키며, 놈이 발라준 고갈비를 넙죽 받아먹었다. 전에 그곳에 갔을 때 벽에다가

"문경 이란 미녀가 이곳을 다녀가다." 라고,

낙서를 하고 왔는데 그 후 가보니 문경 밑에 밑줄 그어놓고

"웃기는 짜장곱배기"라고, 반격을 가해놓고 간 것이다.

그곳은 화장실이 가관이다.

남자 쪽은 잘 모르겠는데 가게 안에 바로 화장실이 붙어 있다.

청결 제일주의를 내세우려면 그 집을 가면 안 된다. 여자 화장실 문고리가 안팎으로 떨어져나가 문에 손가락 하나 들어갈 정도의 구녕이 뚫려있는데 변기와 문 사이의 거리도 멀다.

나같이 팔 길은(?)여자도 도저히 볼일 보면서 그 구녕에 손가락 넣고 문을 막고 있기는 불가능 한 것이다.

밖에서 아군 한명이 술 마시는 사람 구경하면서 체중을 실어 그 문을 막고 있어주던가 문 옆에 신문지 놓고 해결하는 방법 외에는 크게 뾰족한 수 가 없다.

자칫 중요한 볼일에 문 막고 있다는 사실을 잊어버린 경우엔 아주 황당한 꼴을 당하게 된다. 문이 가차 없이 열려 옆에 남자 화장실 문을 때릴 정도이니깐…….

가게에서 술 마시던 손님에겐 돈 주고도 못 보는 좋은 쇼를 제공하는 거고 안에서 볼일 보던 여자에겐 영원한 쪽팔림과 고갈비집에 대한 아픈 추억을 남기게 될 것이기 때문이다.

몇 번 주인아주머니에게 여자 화장실 문고리에 대해 건의를 했건만, 갈 적마다 아군 한명 데리고 가느라 여간 수선스러운 게

아니었다.

지금은 모르겠다.

그렇게 악조건에서도 내가 그 집을 좋아했던 건, 그 집에서만 느껴지는 독특한 정과 매력이 아닌가싶다.

좋은 사람들과 가서 서로 어깨 닿으며 마주앉아 시끌 시끌 떠들고 웃다보면, 스트레스도 풀리고, 하~막걸리 맛 죽이는 걸…….

역쉬 갈비는 고갈비야 하는 너털한 생각이 나지 않을까.

비라도 내리는 날 창가 근처에 앉는다면 더욱 그러할 것이다.

= 끝 =

병철 최양희

은폐하려는 것은 생존자의 본능

안개속) 신기하다/ 안개 속이/ 황홀하다/ 혼자 있는 것이/ 야릇하다/ 下略

소년은 안개기운을 받고 태어난 것일까?

소년은 이상하리만치 안개 낀 새벽을 좋아했다. 아니 언제든지 신비스러운 안개를 만나면 그 안개기운이 몸으로 흡수하는 희열을 느끼면서, 온몸이 붕 뜨는 듯이 황홀감에 사로잡힌다.

지상에 살아있는 모든 생존자들은 자기 자신을 은폐하려는 것이 본능이다. 안개 속에 있는 것도 하나의 은거지만, 옷을 입는 것 또한 제 몸을 보호하고 감추려는 은폐의 수단이다.

인간은 이성적인 동물 그 이상의 존재이기 때문에, 남녀 사이 모든 이성이 통일되지 않은 한, 그 감추려는 습성은 계속될 것이다.

은폐된 공간, 남의 눈에 띄지 않는 곳에서 동물들은 모든 행위를 가진다. 특히 인간사회에서 있어서 밤에 역사가 이뤄지는 것 또한 그러하다. 그것은 어디까지나 비밀리에 붙이려는 속셈과 습성과 수단이기 때문이다.

소년은 하늘을 달리는 백마의 꿈으로, 밤길을 좋아하면서 깜깜한 새벽안개를 더 동경한다.

병철 崔良熙 (시인. 소설가. 문학평론가)

- 월간문예사조 04년 詩, 05년 小說, 06년 評論 등단, 신인상수상.
- 한국문인협회회원. 월간문예사조회원. 세계시문학연구회원. 국제펜클럽회원.
- 2005년 처녀시집. "최양희의 사모곡"
- 문예사조15회 본상수상. 한국민족문학 우수상 수상. 문예춘추 괴테상 수상.
- 08년 "한국을 빛낸 사람들" 작가로 수록 "대한민국 공훈사발간위원회" 작가로 수록. 명예문학박사. 11인 동인시집 성주산 울림 1,2호. 발행인. 한국명시101인 4회. 문예사조 사화집 5회. 보령시 초등학교백일장대회 4회 개최. 심사위원장 및, 아동문집 3회 편집, 발행인. 06,07,08,09,10년, 한내文學 회장, 발행인. 09년 한내文學 사단법인설립. 이사장.

안개 속

신기하다
안개 속이

황홀하다
혼자 있는 것이

야릇하다
사방에 갇혀 있는 내가

그런데 묘한 것은
정말 내가 어디에 있는 것일까?

외 길

언제나 그래왔듯
주변이 산만 하여
둘 아닌 외길만
선택하였던 길입니다

언제나 그래왔듯
아무리 힘들어도
내 몸에 사슬을 끝은
나을 위한 길 이었습니다

언제나 그래왔듯
공상은 멈추지 않아
의식 속으로 꽃피우며
기를 쓰고 찾아가는 길입니다

전 설

당신은 이 땅에
가장 특이한 별

이따금 씩
베일에 가리면서도

언뜻 언뜻
환상적으로 나타나

새롭고 진실한 전설을
끝임 없이 쓰고 있습니다.

구름꽃

그대는 살아있는
눈부신 생명
열심히 피워내는
조화(造化)로운 꽃입니다

희미하고도 또렷한
추억의 함께
수많은 소설을 쓰며
묘하고 진실하게 피어납니다

하늘자락에 자리 깔고
그리움까지 몰고 다니는
신비로운 바람 꽃 무리
사랑도 부활시키며 피어납니다

바위꽃

천년의 침묵을 깬
연옥색 꽃 무리

대궁도 없이
영(靈)으로 피어났건만

누가 꺾거나
옮겨 갈 수도 없어

눈보라 몰아쳐도
꺾기지 않는 신비의 꽃

진실의 묵언과
외로운 내 영혼이 만난다

난(蘭)

화려한 날개 펴고
몸맵시 자랑하며

어여쁨 받던 날이
엊그제 이였건만

알 수 없는 님의 맘
궁 밖으로 긴 신세

그간 베풀어 주었던
마지막 정 가시기 전

내치고 가신 우리님
언제 다시 볼 수 있을는지.......

- 죽어가는 난을 보며 -

군주님

지금까지 못 다한 말씀
눈물고인 편지로 대신합니다

우리가 지어 놓은 궁전에
수많은 궁중이 모인다고!

나의 정성으로 모신
당신은 절대 군주님이라고!

고귀한 군주님의 출현은
이제부터 시작 된다고!

법인통장

모진 땅에
물 고일 때까지
마른 물고 터나가며

깜깜한 암벽에
숙이고 조아리고
수없이 부딪치면서

자신을 뒤로하고
수년을 하루같이
한숨 고인 흔적 앞에

보람으로 채워진
법인통장 확인하며
몰래 삼키는
회심 젖은 눈물 한방울 ....

– (사)한내문학 제21호 출간행사결산 통장을 보며 –

달 력

한 장 넘기며
오기를 묻고

두장 넘기면서
꿈도 묻어 둔 채

한 해가 오면
또 한해를 보내면서

자연의 굴레 속으로
휩쓸린 내 자신 앞에

어김없이 찾아온 오늘도
냉정한 세월의 동반자였네

사부자 (四父子)

할아버님은 아버님께
농사짓는 법 전수하셨고

아버님은 저희들께
세상사는 이치 알려줬으며

못난 소자도 두 녀석께
좋아리 학문 가르쳤지만

늠름하게 장성한 두 아들
아직 이렇다 할 소식이 없나이다

옥련암

당신 떠난 빈자리
산바람도 고요한
텅 빈 암자에
주인 잃은 흔적들

끔찍이도 위하시든
영험한 부처님
백팔 배를 올리시든
구슬픈 모습

인척소리 향내마저
멈춰진 경내
회한서린 눈물만이
고여 있는 듯

당신의 체취
구석구석 묻어나는데
그리운 당신 모습
그림자도 없습니다

– 1년 전 어머님이 하직 하신 옥련암에서 –

* 옥련암 : 충남 청양군 남양면 매곡리 소재. 창건주·한재분.

12인 시인의 연락처

이덕영	011-209-1376	보령시 주산면 창암리 305-2 번지 mail : ldy1376@hanmail.net
홍성수	011-438-3083	보령시 명천동 명천주공A 4차 313동 405호 mail : doden2081@hanmail.net
최도진	010-3454-6507	보령시 죽정동 한전A 205동 404호 mail : cdj4445@hanmail.net
배윤희	010-2078-9625	보령시 죽정동 대우A 103동 1601호 mail : yunhee9625@hanmail.net
홍성억	010-8803-7056	천안시 서북구 두정동 계룡리 슈빌 104동 402호 mail : ajtwkddl55@hanmail.net
박혜숙	010-303-9313	경기도 부천시 소사구 괴안3동 199-2 동신상가 204호 경산서예학원 mail : dream9313@hanmail.net
최옥순	010-3682-6387	전북 전주시 완산구 효자동1가 418번지 효자동 현대A 103동 305호 mail : choisoon12@hanmail.net
신승환	010-9377-5666	보령시 죽정동 한전A 201동 504호 mail : top-of-gun@hanmail.net
신현숙	010-6423-3502	보령시 명천동 주공3차A 309동 504호 mail : bx3502@hanmail.net
이기하	011-498-3652	충남 공주시 반포면 마암리 247-3 mail : lee.dong.cheon@hanmail.net
김문경	010-9128-0084	보령시 죽정동 662-1번지 '동경참치' mail : moong6401@hanmail.net
최양희	010-3341-2268	보령시 죽정동 유성1차A 110동 505호 mail : cyh2268@hanmail.net

편집 후기

● 처음 시작한 동인들과 함께하지 못한 아쉬움도 크지만, 세월과 함께 흘러가는 인연으로 탄생한 '제3호'는 더욱 다양하고 뜻 깊은 도약이다.

● 한내문학으로 등단한 신승환시인, 이동천시인, 신현숙 시인이 동참하면서, 전주 최옥순 시인, 부천 박혜숙 시인, 작년에 이어 천안 홍성억 시인이 뜻을 같이하게 되니 이제 전국적으로 뻗어나가는 계기가 됐다.

● 김문경 隨筆, 이덕영 漢詩, 최도진 童詩, 이동천 長詩 등, 이채로운 "동인문집"으로써 문학의 질을 향상시키는데 모두 한 몫을 하게 됐다.

● 하나같이 훌륭한 12명의 문인들이 자신의 재능을 맘껏 발휘했기에 이번엔 더욱 더 모든 사람들이 기대하는 바가 매우 클 것으로 보인다.

● 특히 가장 주목되는 것은, 평론가 최양희 이사장께서 시인 개개인의 시 맛을 꿰뚫어 보는 평론이 있었기에 더욱 빛날 것으로 생각한다.

편집부장　　= 洪 =

12인의 동인문집

성주산 울림 제3호

초판인쇄 : 2010년 8월 14일
초판발행 : 2010년 8월 20일

지 은 이 : 12인의 동인 시인
발 행 인 : 최 양 희
편집부장 : 홍 성 수
편 집 부 : 최도진·배윤희·김문경·신현숙

발 행 처 : 사단법인 한내문학
355-120 충남 보령시 죽정동 649-6
사무실 041) 936-0037
mail : 〈cyh2268@hanmail.net〉

등록번호 : 충남바 01183(2009. 6. 15)

ISBN 978-89-963109-1-4 03810

인 쇄 처 : 진흥인쇄랜드 · 도서출판 다 시 랑
TEL : (02)812-3694(代)

잘못된 책은 바꿔드립니다

값 10,000 원